교과서에 살아 숨쉬는
우리겨레 문화유산

글 박경남

전남 고흥에서 태어나 서울예대 문예창작과를 졸업했으며, 〈한겨레21〉 독자편집위원 등 자유기고가로 활동했다. 현재 서울디지털창작집단 부대표를 맡고 있으며, 월간지 〈엄마는 생각쟁이〉에 칼럼을 기고하는 등 논픽션 작가로 다양한 글들을 선보이고 있다. 저서로는 《펀펀스쿨》, 《큰 인물로 키우려면 맘껏 뛰어 놀게 하라》, 《쿨하고 당당하게 지내는 남녀 사이, 친구 사이》, 《우리는 당당한 꼴찌다》 (공저) 등이 있다.

교과서에 살아 숨쉬는
우리겨레 문화유산 5 광주·전라도·제주도

펴낸날 2010년 4월 20일 1판 1쇄
2014년 8월 5일 1판 4쇄

글쓴이 박경남 | **펴낸이** 강진균 | **펴낸곳** 삼성당
기획 변지연 | **책임 교열** 이교숙 | **책임 디자인** 다빈치하우스
편집 편집국 | **제작** 강현배
마케팅 변상섭
주소 서울시 강남구 선릉로 747 삼성당빌딩 9층
대표 전화 (02)3443-2681 | **팩스** (02)3443-2683
홈페이지 www.ssdp.co.kr **쇼핑몰** www.ssdmall.co.kr
출판등록 1968년 10월 1일 제2-187호
ISBN 978-89-14-01705-5 (74080)
978-89-14-01708-6 (세트)

ⓒ 삼성당

· 이 책은 저작권법에 따라 보호받는 저작물이므로 무단전재와 무단복제를 금지하며,
 이 책 내용의 전부 또는 일부를 이용하려면 반드시 (주)삼성당의 서면 동의를 받아야 합니다.
· 파본은 바꾸어 드립니다.

교과서에 살아 숨쉬는~

우리겨레 문화유산

글 박경남

5 광주·전라도
제주도

삼성당

우리겨레 역사의 숨결을 찾아서…

문화유산 혹은 문화재라고 하면 어쩐지 멀게만 느껴지지 않나요? 오래된 것, 익숙하지 않은 것으로 생각하기 때문에 그럴지도 모릅니다. 하나같이 딱딱하게 굳어 있어 재미없는 것이라고 느끼기도 쉽고요. 게다가 어떤 문화재는 세월의 깊이만큼이나 녹슬어 있거나 그 형태가 온전하지 못하기 때문에 가까이 다가갈 수도 없습니다. 그래서 우리의 문화유산이나 문화재를 탐방하고 연구하는 것을 고리타분한 일이라고 생각하는 듯합니다.

그럼 문화재와 가까워지려면 어떻게 해야 할까요?

무조건 멀리 있는 유명한 문화재를 찾아가려고 하는 것보다 자기가 사는 동네의 문화재부터 살펴보는 것이 좋습니다. '우리 동네에는 어떤 문화재가 있을까?'라는 호기심을 가지고 인터넷이나 책을 찾아가며 공부한다면 훨씬 가깝게 다가갈 수 있을 것입니다. 굳이 공부라고 하기보다는 관심을 둔다는 표현이 더 어울릴 것 같군요. 그리고 그 문화재의 의미에 관심이 생겼다면 직접 가서 보아야 합니다.

　문화재를 옛것이라고만 생각하지 말고 상상을 해 보세요. 그 옛날 수많은 사람들과 함께 한 역사가 담겨 있거든요. 옛날 사람들은 어떻게 살았을까? 저 문화재는 옛날 사람들에게 어떤 의미가 있었을까? 상상의 나래를 펼쳐 보며 문화재와 대화를 나누어 보세요. 그러면 딱딱하게 굳어 있던 문화재에 어느덧 생기가 돌며, 어린이 여러분에게 말을 걸어올지도 모릅니다.

　우리 동네의 문화재를 다 돌아보고 그들의 숨결을 마음껏 느꼈다면, 가까운 다른 곳의 문화재에도 찾아가 보세요. 그렇게 한 곳 한 곳 다니다 보면 어느새 전국 방방곡곡에 펼쳐 있는 우리의 문화재를 모두 볼 수 있게 될 것입니다. 그리고 생생하게 살아 있는 역사가 가슴속을 따뜻하게 해줄 것입니다. 이미 여러분은 문화재를 통해 옛날 사람들과 소통했으니까요.

　자, 이제 역사 탐방을 떠나 볼까요?

지은이 **박경남**

차 례

광주광역시
광주 약사암 석조여래좌상 14
증심사 철조비로자나불좌상 18

전라남도

광양시
중흥산성 3층 석탑 24

나주시
나주 철천리 칠불석상 · 석불입상 27
나주 반남면 고분군 30

순천시
송광사 33
선암사 38
낙안읍성 42

여수시
여수 진남관 45

강진군
무위사 48
정다산 유적 53

고흥군
능가사 55

곡성군
태안사 57
곡성 가곡리 5층 석탑 60

구례군
화엄사 62
연곡사 67

담양군
개선사지 석등 71
담양읍 석당간 · 5층 석탑 74
담양 소쇄원 76

보성군
벌교 홍교 79
보성 우천리 3층 석탑 81
보성 유신리 마애여래좌상 83

영광군
불갑사 85

영암군
도갑사 88
월출산 마애여래좌상 91

장성군
필암서원 93
백양사 소요 대사 부도 96

장흥군
보림사 98
천관사 103

함평군
함평 고막천 석교 105

해남군
대흥사 108
미황사 112

화순군
쌍봉사 115
운주사 119

전라북도

전주시
풍남문 128
전주 객사 130
경기전 132

군산시
발산리 5층 석탑 · 옥구 발산리 석등 135

김제시
금산사 137

남원시
실상사 141
광한루 145
만인의총 147

익산시
익산 미륵사지 149
익산 왕궁리 5층 석탑 154
익산 고도리 석불입상 156

정읍시
피향정 158
황토현 전적지 160

고창군
고창 지석묘군 163
선운사 166
고창읍성 171

부안군
내소사 175
개암사 180

완주군
화암사 182

임실군
임실 용암리 석등 184

장수군
장수 향교 대성전 186

진안군
금당사 괘불탱 188

제주도

관덕정 192
불탑사 5층 석탑 194
삼성혈 196
제주 항파두리 항몽유적지 198

찬란한 문화를 꽃피운
예향 전라도 · 삼별초의
항몽 유적지 제주도

전라도는 김제의 벽골제호 남쪽에 있다고 해서 호남이라 불리고, 금강 남쪽에 있다고 해서 강남도라고도 불렸습니다. 전라도는 오랫동안 한 행정 구역으로 묶여 있다가 지금의 광주, 전라남도, 전라북도, 제주도로 나누어졌습니다. 1896년 전국을 13도로 개편하는 과정에서 전라남도와 전라북도로 분리되었고, 1946년 제주가 제주도로 승격되고, 1986년 광주가 직할시가 되면서 지금의 행정 구역을 이루게 되었지요. 광주직할시는 후에 광주광역시로 명칭이 바뀌었습니다.

전라도는 삼한 시대에는 마한에 속했고, 삼국 시대에는 백제의 땅으로 중국 남북조 시대의 육조문화를 받아들이는 길목 역할을 했습니다. 통일신라 시대 말기에는 완도에 청해진이 설치되면서 해상무역의 중심지 역할을 했지요.

이후에는 견훤이 무진주(광주)와 완산(전주)을 점령하고, 900년에 후백제를 세우면서 후백제의 땅이 되었습니다. 후백제가 고려에게 무너진 후에는 고려의 땅이 되었고, 비로소 전주의 전全자와 나주의 나羅자를 딴 전라도라는 이름을 가지게 되었지요. 이 이름이 조선 시대 말기까지 이어지게 됩니다.

예로부터 전라도는 바다를 통해 일찍부터 불교문화를 받아들였고, 일본에 문화를 전달해주는 역할을 했답니다. 그 덕분에 전라도 지역에는 불교문화의 유물 및 유적들이 많이 남아 있지요. 비록 백제의 멸망과 조선의 유교를 높이고 불교를 억압하는 숭유억불 정책으로 많이 소실되었지만, 아직도 많은 문화유산이 그 빛을 잃지 않고 있습니다.

전라도는 아름다운 백제문화를 활짝 꽃피웠던 역사가 있는 곳으로, 오늘날까지도 건축·회화·음악을 비롯한 여러 방면에서 그 흐름을 이어오고 있습니다.

광주는 무등산의 절경인 돌무더기에 '빛나는 돌'이 있어서 '빛고을'로 불렸습니다. 전라남도의 중심지 역할을 했던 광주는 현재 광역시로 분리되었지만 여전히 전라남도와는 깊은 관계를 맺고 있지요.

전라남도는 고대사회에 강력한 지도력을 발휘한 집단이 살았던 곳입니다. 나주의 옹관고분을 통해 그 사실을 확인할 수 있지요. 또한 송광사를 비롯해 독특한 문화재를 볼 수 있는 사찰이 여럿 있어 불교문화의 진수를 느낄 수 있답니다.

오랫동안 전라도에 속해 있던 제주도는 본래 탐라국이었습니다. 제주도는 독자적인 건국 신화를 가진 곳으로, 고려 시대 삼별초의 항몽유적지가 있는 유서 깊은 곳이지요. 조선 시대에는 유배지가 되기도 했지만, 그 덕분에 유학의 보급과 문화의 발전이라는 두 마리 토끼를 잡았습니다. 현재는 러시아, 중국 등의 대륙과 일본, 동남아 등지를 연결하는 중요한 곳이며, 자연경관이 수려하고 기후가 온난해 세계적인 휴양관광지로 각광받고 있습니다. 행정 구역은 제주시와 서귀포시를 포함한 북제주군과 남제주군으로 이루어져 있지요.

자, 그럼 광주광역시와 전라도, 제주도 지역의 문화유산을 찾아 떠나 볼까요?

함평 고막천 석교

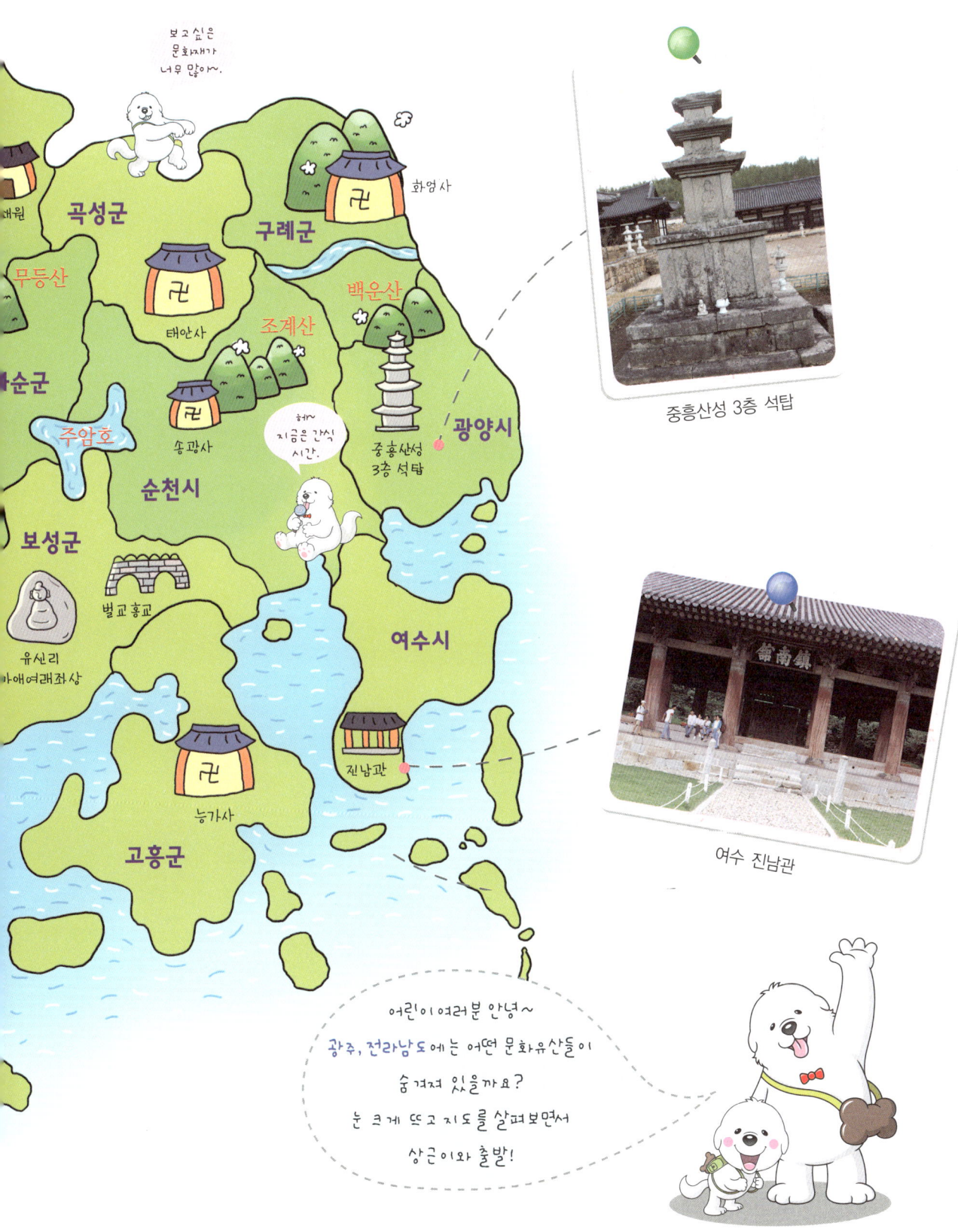

광주광역시

무등산의 정기를 받아 '빛고을', '무진주' 로 불리기도 했던 광주는
호남의 중심지였지요. 유서 깊은 애국충절의 도시로 국난이 닥칠 때마다
나라를 지키려는 의지를 강하게 보인 곳이기도 합니다.
예로부터 학덕이 높은 선비와 시인을 배출한
문화예술의 도시 광주랍니다.

광주 약사암 석조여래좌상

[초등 사회 5-2]
주소 광주광역시 동구 운림동 11 약사암

광주 약사암 석조여래좌상 통일 신라 시대 불상 가운데 가장 아름답고 원형이 잘 보존된 작품이다.

광주의 도심 동쪽을 에워싸듯 솟아 있는 무등산은 기암괴석으로 경치가 빼어나기로 유명하지요. 광주에서 아름답기로 손꼽히는 휴식처입니다.

무등산을 오르는 코스 가운데 대표적인 코스가 바로 증심사로 오르는 길이랍니다. 증심사를 지나 새인봉 쪽으로 오르다 보면 산중턱에서 약사암과 만나게 되지요. 광주 약사암은 화순 쌍봉사를 세운 철감 선사가 9세기경에 지은 암자입니다. 철감 선사는 약사암에서 생활하며 증심사를 세웠다고 하지만 확실한 기록은 남아 있지 않습니다. 약사암은 '인왕사'라고도 불렸는데 1980년에 들어 거의 모든 전각이 새로 지어졌습니다. 지금은 광주 약사암 석조여래좌상과 약사암 3층 석탑만이 옛 모습을 지키고 있을 뿐이지요.

약사암 대웅전 1980년대 건물로 통일 신라 시대 후기에 조성한 광주 약사암 석조여래좌상을 모셔 두었다.

보물 600호로 지정된 광주 약사암 석조여래좌상은 경주 석굴암의 중심 불상을 닮았는데, 석굴암 중심 불상보다는 아담한 형태로 통일신라 시대 후기의 작품으로 추정하고 있습니다. 불상의 머리는 뒷머리만 꼬불꼬불한 소라 모양이고 머리 위는 나지막한 상투 모양입니다. 약간 숙인 얼굴은 둥글면서 넓적한 모양이지요. 양 눈썹 사이에는 동그란 백호가 있고, 초승달 같은 눈썹과 도톰한 입술 및 살짝 머금은 어린아이 같은 미소는 서산 마애삼존불상을 떠올리게 하지요. 목에는 세 줄기 주름인 삼도가 뚜렷하고, 부드럽게 흘러내린 옷자락이 무릎을 덮고 있습니다. 왼손은 손바닥을 위로해서 배꼽 앞에 놓고, 오른손은 무릎에 얹어 손가락 끝을 아래로 놓은 모습입니다. 대좌는 각각 한 개의 돌로 다듬은 윗받침대, 가운데 받침대, 아래 받침대로 구성되어 있는데, 연꽃이 활짝 핀 화려한 꽃문양이 특히 눈길을 끕니다.

이 불상은 약사암이라는 암자의 특성으로 미루어 당시 병으로 괴로워하던 신라인들의 마음을 달래 주던 약사여래불로 추정하고 있지요. 1856년에 약사전을 고쳐 지었다는 기록에도 이 불상을 약사여래로 기록하고 있습니다. 전라도 곳곳에 흩어져 있는 통일신라 시대의 불상 가운데 가장 아름답고 원형이 잘 보존된 작품으로, 석굴암 중심 불상의 양식을 계승하는 작품이랍니다.

톡톡! 생각 주머니

무등산의 이름

무등산은 어머니가 아이를 가슴에 품듯, 광주를 품고 있는 산입니다. 해발 1187미터로 무악·무진악·서석산·입석산이라고도 불렸습니다. 다양한 이름만큼 사연도 많지요.

먼저 동네마다 당산이 있는 것처럼 산중에 거대한 당산 터가 있다 해서 무당산이라 불렸다고 합니다. 또한 무등산은 크게 한 번 솟아오른 산인데, 능선이나 계곡이 마치 무덤처럼 둥근 모양이라 무덤산이라 불리기도 했습니다. 또 다른 설로는 무등이 '무돌'의 이두음으로, '무지개를 뿜는 돌'이라는 뜻에서 유래했다고 하지요.

입석대 무등산의 대표적인 곳으로 서 있는 바위들이 마치 석공이 다듬어 놓은 듯하다.

　노산 이은상은 '부처님은 가장 높은 자리에 있어 비교할 이가 없다는 뜻의 무등등無等等에서 빌려다 쓴 이름'이라고 말했지요. 이밖에도 여러 주장이 있는데, '무등이란, 더할 나위 없다'고 풀이하는 설도 있습니다.

　이처럼 무등산은 많은 이름만큼 얽힌 이야기가 참 많은 산입니다. 그 이유는 무등산 곳곳의 웅장한 기암괴석과 끝없는 너덜강 지대, 천연의 바위 예술품이 사람들의 상상력을 자극했기 때문이 아닐까요?

더할 나위 없다는 무등산에 가 봐야지!

동구 | 광주 약사암 석조여래좌상　17

증심사 철조 비로자나불좌상

[초등 사회 6-1]

주소 광주광역시 동구 운림동 56 증심사
홈페이지 http://jeungsimsa.org

증심사 철조비로자나불좌상 비로자나불은 왼손의 검지를 오른손으로 감싸쥐는 형상인데 이 불상은 손 모양이 반대이다.

증심사는 무등산에 있는 사찰 가운데 가장 규모가 크고 역사가 깊은 광주를 대표하는 절입니다. 860년(통일신라 헌안왕 4)에 철감 국사가 세운 절로, '징심사'라고도 불렸습니다. 정유재란 때 불타 버려 광해군 때 대규모로 다시 지었는데, 한국전쟁으로 또다시 오백전을 제외한 거의 모든 전각이 불타 버렸습니다. 지금 전각의 대부분은 1970년대 이후 건립되었지요.

유일한 조선 시대 건물인 증심사 오백전은 증심사 안쪽에 자리하고 있습니다. 오백 나한과 10대 제자를 모셔 국가와 백성들의 평안을 기원한 곳이랍니다.

증심사 오백전 왼편에는 비로전이 있습니다. 비로전에는 보물 131호로 지정된 증심사 철조비로자나불좌상이 있지요. 이 철불은 통일신라 시대 때 유행했던 불상입니다. 비로자나불은 인류를 구하기 위해 인간의 몸으로 환생해서 세상에 나타난 석가를 말합니다. 진리의 세계를 두루 통솔한다는 의미를 지니기도 합니다.

이 철불은 새까만 불상 뒤편에 붉은색 보살벽화가 있어 눈을 확 잡아끄는 매력이 있습니다. 광배는 없어졌지만 불상의 원형은 그대로 보존되어 있습니다. 전체적으로 균형 감각이 잘 잡혀 있지만 조각은 다소 투박한 편이지요. 머리는 소라 모양이고 머리 위쪽은 볼록 솟은 혹 같은 상투 모양입니다. 이 불상은 성인 남자 체격 정도로 보통 인체 크기의 눈·코·입 등이 알맞게 조화를 이루며 현실적인 인간의 모습을 느끼게 합니다. 보통 비로자나불은 손 모양이 왼손의 검지를 오른손으로 감싸 쥐는 형상인데 이 불상은 손 모양이 반대입니다. 증심사 철조비로자나불좌상은 1934년에 광주시 서방동에서 이곳으로 옮겨 왔지요. 인간의 체형을 갖추고 통일감 있는 균형미를 잘 표현한 불상으로 평가받고 있답니다.

증심사 오백전 무등산에 남아 있는 절 건물 중에 가장 오래되었으며, 국가와 백성들의 평안을 기원한 곳이다.

톡톡! 이야기 주머니

배고픈 다리 이야기

광주 시내에서 증심사로 가려면 홍림교라는 작은 다리를 건너야 합니다. 홍림교는 '배고픈 다리' 라는 이름으로 더 유명하지요. 조선 세종

때, 증심사의 오백전을 세운 김방 때문에 붙은 이름입니다.

김방은 가뭄과 흉년으로 시달리던 고을 사람들을 안타깝게 여겨, 큰못을 파서 무등산에서 흘러내린 물을 받아 농사에 쓰려고 했지요. 어느 날 김방의 꿈에 관음보살이 나타났습니다. 관음보살은 김방에게 "증심사를 다시 고쳐 오백전을 짓고 거기에 오백나한을 모셔라!" 하고 말했습니다. 김방은 서둘러 오백나한을 조성하고 증심사 공사에 나섰지요. 절을 짓는 동안 부정을 탈까 염려해, 스스로 고기를 금하고 직접 공사현장에서 일꾼들을 격려했습니다.

그렇게 6개월 정도 지나자 김방은 건강이 매우 나빠졌습니다. 고을 사람들은 그런 김방을 걱정한 나머지 닭을 잡아다 김방에게 요리해 주었습니다. 김방은 정중히 거절했지만 워낙 사람들이 간절하게 권해 고기 몇 점을 먹었답니다.

그 무렵, 궁중에 있던 세종은 낮잠을 자다 꿈을 꾸었습니다. 수백 마리의 닭이 나타나, 광주에서 김방이 역적모의를 하고 있으며 힘을 얻기 위해 자기들을 잡아먹는다는 것이었습니다.

세종은 깜짝 놀라 금부도사를 불러 3일 안으로 김방을 잡아오라고 명령했습니다. 금부도사가 군졸을 이끌고 무등산으로 들어가려는데, 홍림교 근처에서 갑자기 말의 발이 땅에 딱 붙어서 떨어지지 않았습니다. 군졸들도 말 등에서 몸이 떨어지지 않아 움직일 수가 없었지요.

한편 세종은 또 다른 꿈을 꾸었습니다. 어린 사미승 수백 명이 꿈에 나타나 금부도사를 당장 거두지 않으면 나라에 근심과 재앙이 있을 것이라고 말했지요. 꿈에서 깬 세종은 금부도사를 돌아오도록 했습니다. 금부도사 일행은 그때까지 옴짝달싹하지 못하다가 세종의 돌아오라는

명령을 듣고서야 움직일 수 있었습니다.

  금부도사 일행이 이틀 밤낮을 선 채로 꼬박 지샜다고 해서 그 거리를 '선관이' 또는 '선거리'라고 불렀다고 하지요. 그리고 홍림교 위에서 배고픔에 시달렸다고 해서 홍림교를 '배고픈 다리'라고 불렀답니다.

전라남도

찬란한 문화를 꽃피웠던 백제의 옛 땅으로
예로부터 예향으로 불렸던 전라남도!
송광사를 비롯해 독특한 문화재를 볼 수 있는 여러 사찰이 있어
불교문화의 진수를 느낄 수 있는 전라남도로 떠나 볼까요?

중흥산성 3층 석탑

광양시

[초등 사회 6-1]

주소 전라남도 광양시 옥룡면 운평리 산 23

중흥산성 3층 석탑 대웅전 왼쪽의 천불전 옆에 있는 석탑으로 보존상태가 좋고 조각된 상들의 모습이 뚜렷하다.

삼나무 숲이 하늘을 가리고 동백이 숲을 이루는 곳을 지나면, 옛 중흥산성을 볼 수 있습니다. 중흥산성은 임진왜란 때 의·승병 연합군과 왜군이 큰 전투를 벌였던 곳으로 산 능선을 따라 흙을 쌓아 만든 고려 시대 산성입니다.

중흥산성의 중심부 역할을 한 곳은 중흥사라는 절입니다. 신라 시대 말기 도선 국사가 세웠지요. 중흥사의 승려들은 임진왜란 때 중흥산성에서 왜군과 싸우다 죽었고, 중흥사도 그때 불타 버렸습니다. 지금은 중흥산성 3층 석탑과 중흥산성 쌍사자 석등 그리고 중흥사 석조지장보살반가상만이 남아 옛 흔적을 떠올리게 합니다.

현재 중흥산성 쌍사자 석등은 국립 광주박물관에 있고, 중흥산성 3층 석탑과 중흥사 석조지장보살반가상은 근래에 새로 고쳐 지은 중흥사에 남아 있지요.

보물 112호로 지정된 중흥산성 3층 석탑은 대웅전 왼쪽의 천불

전 옆에 서 있습니다. 통일신라 시대 말기의 석탑으로 2단의 기단 위에 3층의 몸돌과 지붕돌을 올린 형태입니다. 기단부에는 버팀 기둥이 세 개로 이루어져 독특한 면모를 보이지요. 기단 면석은 한 면을 둘씩 나누어서 앞면에는 인왕상을, 양 옆면에는 사천왕 상을, 뒷면에는 보살상을 도드라지게 새겼습니다. 1층 몸돌 사면에는 각각 연꽃 위에 앉아 있는 부처상을 조각했습니다. 2층 이상의 몸돌은 1층 몸돌보다 훨씬 작고, 지붕돌은 밑면의 받침이 3단씩이며 처마 밑은 수평을 이루고 있습니다.

각 부분의 풍부한 조각들이 특히 눈에 띄는데, 보존 상태가 좋고 조각된 상들도 모습이 뚜렷하지요. 탑에 비해 밑의 기단부가 약간 커 보이기는 하지만, 섬세하고 아름다운 조형미를 갖춘 석탑입니다.

중흥사 신라 시대 말기 도선 국사가 세운 절로, 둘레 4킬로미터의 중흥산성에 둘러싸여 있다.

톡톡! 생각 주머니

산성의 고을, 광양

광양에는 유난히 산성이 많습니다. 마로산성, 중흥산성, 불암산성, 봉암산성은 광양의 4대 산성으로 불립니다.

일본은 임진왜란 때 패전의 원인이 전라도 점령 실패라고 보고, 정유재란 때 전라도부터 점령하는 것을 목표로 세웠습니다. 우선 전라도를 점령해야 위로 올라가는 발판을 마련할 수 있다고 생각했기 때문이지요. 조·명 연합군은 광양에서 왜군과 맞붙었는데, 이때 조·명 연합군이 산성을 발판으로 삼아 승리하면서 전라도 지역의 왜군을 순천 왜교성으로 몰아넣었지요. 왜군의 내륙 진출을 막았던 것입니다.

이 지역의 산성들을 살펴볼까요? 마로산성은 임진왜란 때 광양읍성의 회복을 위해 왜군과 공방전을 벌인 곳입니다. 마로산 정상부에 자리하고 있으며 600년경에 돌을 쌓아 만든 백제 시대 산성이지요. 중흥산성은 산 능선을 따라 흙으로 쌓아 만든 토성으로 고려 시대 산성이지요. 의병·승병 연합군과 왜군 사이에 큰 전투가 벌어졌던 곳입니다.

불암산성은 백제 시대인 600년경에 돌을 쌓아 만든 석성입니다. 둘레가 500미터이고, 산성 주위에 백운산 능선과 억불봉, 수어댐 물빛이 한데 어우러져 풍경이 아주 멋지답니다. 봉암산성은 600년경 백제 시대 때 돌로 쌓아 만든 석성입니다. 둘레가 100미터이며, 임진왜란 때 섬진강 관문을 지키는 기능을 했습니다.

나주 철천리 칠불석상·석불입상

[초등 사회 4-2]

주소 전라남도 나주시 봉황면 철천리 산 124-2

소나무가 그득한 덕룡산 자락에 미륵사라는 절이 있습니다. 미륵사는 544년(백제 성왕 22)에 연기 조사가 구례 화엄사와 함께 세운 창룡사라는 절에서 유래했습니다. 하지만 안타깝게도 임진왜란 때 불타 버리고, 한국전쟁 이후에 지금의 절을 지었지요. 현재는 아담한 규모로 화려했던 과거를 찾아보기 힘들지만, 우리나라에서는 보기 드문 칠불석상과 거대한 석불입상이 위풍당당한 시절을 말해 주는 듯합니다.

보물 461호로 지정된 나주 철천리 칠불석상은 미륵사 대웅전 뒤편에 자리하고 있습니다. 사각에 가까운 고깔 모양의 바위에 불상이 빙 둘러 조각되어 있지요. 바위 맨 위에는 동자상이 있었다고 전하지만 지금은 남아 있지 않답니다. 바위 면에는 일곱 구의 불상이 조각되어 있습니다. 동면에 좌상 한 구가 있고, 북면에도 좌상 한 구가 합장하고

나주 철천리 칠불석상 사각에 가까운 고깔 모양의 바위에 불상을 조각한 독특한 형태이다.

나주시 | 나주 철천리 칠불석상·석불입상 27

나주 철천리 석불입상 부처의 자비로움이 전신에 넘쳐 흐르던 신라 시대의 불상에 비해, 강인한 얼굴을 한 고려 시대 불상의 특징이 나타나 있다.

있으며, 남면에는 수법이 비슷한 네 구의 서 있는 석불이 있습니다. 예전에는 서면에 두 구가 더 있었는데, 일제강점기에 광부들이 떼어 내서 아홉 불이 일곱 불로 줄어들었다고 합니다. 이 불상들은 전체적으로 얼굴 부분이 뚜렷하지 않지만 윤곽이 분명하고 대체로 갸름해서 우아한 모습입니다. 민머리 위에는 머리 묶음이 뚜렷하고, 신체는 길고 굴곡이 없이 빈약한 편이지요. 경직된 자세와 간략하게 표현된 옷 주름 처리에서 고려 시대의 특징을 살펴볼 수 있습니다. 입상들은 왼쪽 어깨를 감싼 옷을 입고 두 손을 몸에 붙인 채 꼿꼿하게 섰지만, 딱 한 구만은 오른손을 가슴에 대고 있지요. 대좌는 불상의 발아래 돌출 부분으로 대신했습니다. 그리고 바위 사방에 불상을 조각해 사방불적 특징을 표현하고 있답니다.

보물 462호로 지정된 나주 철천리 석불입상은 부처의 몸체와 광배가 한 돌로 조각되어 있습니다. 높이 5.38미터의 제법 거대한 불상으로 보존 상태가 좋은 편이지요. 민머리 위에는 상투 모양을 큼직하게 표현했고, 얼굴은 사각형으로 살이 많이 올라 있습니다. 긴 눈과 큼직한 코를 가졌고, 입가에는 형식적인 미소를 띠고 있으며 귀가 짧습니다. 목에는 세 개의 주름인 삼도가 뚜렷하고, 옷

은 양어깨를 감싸면서 발목까지 늘어져 있고 U자형의 옷 주름이 표현되어 있습니다. 두 팔은 두꺼운 옷자락 때문에 양손만이 드러나 있지요. 손은 손금이 보일 정도로 보존 상태가 좋습니다. 오른손은 손바닥을 펴서 땅 쪽으로 내리고, 왼손은 손바닥을 펴서 하늘 위로 향하고 있습니다. 신체는 당당한 모습으로 무게감이 있으나, 어깨가 자연스럽지 못하며 굴곡의 표현이 부족한 편입니다. 발목 아래는 묻혀서 잘 보이지 않으며, 아무 장식을 하지 않은 이중 대좌 위에 올려져 있습니다.

  이 석불은 얼굴이 통통하고 몸이 지나치게 크며, 형식적인 표현으로 보아 고려 시대 초기부터 유행하던 거불 양식으로 보입니다. 부처의 자비로움이 전신에 넘쳐 흐르는 신라 시대 불상에 비해, 숭고한 종교미가 없어지고 아주 강인한 얼굴을 한 고려 시대 불상의 특징이 잘 나타나 있지요.

나주 반남면 고분군

[초등 사회과 탐구 6-1]

주소 전라남도 나주시 반남면 대안리, 신촌리, 덕산리 일대

나주는 영산강이 있어 기름진 평야가 발달했습니다. 그래서 예로부터 사람들이 모여 마을을 이루기 좋은 곳이었지요. 실제로 나주 곳곳에는 농경 정착생활을 한 흔적들이 발견됩니다. 이곳에서 발견된 유물을 통해 신석기 시대 후기에 이미 벼농사를 시작했다는 것을 짐작할 수 있습니다.

청동기의 대표적 유물인 고인돌도 많이 흩어져 있지요. 또한 옹관묘인 독널무덤을 비롯해 다양한 형태의 무덤들도 집단으로 분포되어 있습니다. 이처럼 나주는 아주 오랜 옛날부터 다른 지역보다 발전된 문화를 가진 곳이었습니다.

나주 반남면 고분군 땅 위에 거대한 봉분을 쌓은 다음 그 안에 여러 개의 독널(옹기)을 묻은 가족 공동묘 형태이다.

옛날 나주의 무덤군으로 알려진 반남면의 고분은 일제강점기에 발굴된 적이 있습니다. 일본인 학자가 신촌리·대안리 등의 고분을 발굴했지요. 이곳에서는 다른 지역에서 찾아볼 수 없는 대형 '독널(옹관)'이 출토되었습니다. 독이란 토기를 말하며, 독널무덤(옹관묘)은 큰 독의 형태를 갖춘 토기에 시신을 묻는 매장법입니다. 독널무덤은 일본에서도 나타나는 매장법이라 일본인들이 관심을 많이 가졌답니다. 해방 이후에는 우리 손으로 본격적인 조사가 이루어졌지요. 독널과 함께 나무널, 나무덧널이 있고, 대부분의 고분에 외부시설인 도랑이 파여 있다는 사실을 확인할 수 있습니다.

나주 반남면 고분군은 대부분 원형이거나 윗부분이 잘린 피라미드 형태를 보입니다. 물론 신촌리 6호분과 덕산리 2호분처럼 앞이 네모지고 뒤가 둥근 형태도 있습니다. 나주 반남면 고분군은 대부분 땅 위에 거대한 봉분을 쌓은 다음, 그 안에 여러 개의 독널을 묻은 일종의 가족 공동묘 형태를 하고 있습니다. 다른 지역의 독널무덤과는 달리 아주 규모가 큰 대형 독널이지요. 독널의 크기뿐만 아니라, 그 위로 쌓은 봉토 역시 신라 경주의 대형 봉토분과 비교될 만큼 규모가 아주 큰 것도 있습니다. 또한 보통 한 무덤에 다섯, 여섯 구가 매장되었지만, 무려 12구가 함께 묻혀 있던 경우도 있습니다. 반남면 고분은 대개 두 개의 독을 이은 합구 독널이 많고, 큰 독 하나를 사용한 단식 독널도 있습니다.

독널무덤 형태인 나주 반남면 고분군은 영산강 하류에 집중 분포되어 있고, 고인돌과 함께 발굴되기도 합니다. 그래서 독널무덤이 청동기 시대 후기이자 철기 시대 초기에 만들어졌다고 추정되지요. 또한 이 지역이 대형 토기를 생산했던 중심지이며, 도자기를 만드는 발상지였음을 짐작할 수 있습니다.

특히 신촌리 9호 고분에서는 칠성판 위에 삼베로 싼 시신을 올려놓은 독널에서 국보 295호로 지정된 화려한 금동관과 함께 팔찌·봉황무늬를 한 고리가 있는 환두대도·창·화살촉·금동 신발 등이 출토되었습니다. 금동관과 같은 부장품으로 보아 여기에 묻힌 인물이 국왕이나 부족 사회의 우두머리에 해당하는 지배자였으며, 이 지역에 아주 강력한 군장국가(세력이 강한 부족이 여러 읍락을 통일해 이룬 국가)가 존재했다는 것을 알 수 있습니다.

송광사

[중등 국사]

주소 전라남도 순천시 송광면 신평리 12
홈페이지 http://www.songgwangsa.org
주요 문화재 하사당, 국사전, 약사전, 영산전, 목조삼존불감, 화엄탱 등

하늘을 향해 곧게 뻗어 있는 편백나무 숲길을 지나면 소나무로 둘러싸인 송광사가 예스러운 모습을 드러냅니다. 송광사는 그리 높지 않은 조계산에 둘러싸여 있고, 경내로 계곡이 흐르고 있습니다. 송광사에서 가장 풍경이 멋진 곳은 내를 가로지르는 삼청교 위에 놓인 우화각이지요. 마치 그림의 한 장면처럼 아름답지요.

순천의 송광사는 오랜 역사와 전통을 자랑하는 사찰입니다. 신라 시대 말기 혜린 선사에 의해 세워졌습니다.

송광사 신라 시대 말기 혜린 선사가 세운 송광사는 전국 사찰 가운데 가장 많은 문화재를 보유하고 있다.

송광사 국사전 나라를 빛낸 큰 스님 16국사의 영정을 모시고, 그 덕을 기리기 위해 세웠다.

송광사는 전국 사찰 가운데 가장 많은 문화재를 보유하고 있습니다. 가짓수만 많은 게 아니라 다른 절에서 볼 수 없는 독특한 유물들이 많지요. 순천 송광사의 대표적인 유물인 목조삼존불감은 국보 42호로 지정되어 있습니다. 불감이란 불상을 모시기 위해 나무나 돌, 쇠 등을 깎아 만든 작은 규모의 불당을 말합니다. 이 목조삼존불감은 신라의 보조 국사 지눌이 당나라에서 돌아오는 길에 가져온 것으로 알려져 있으나 정확한 기록은 남아 있지 않습니다.

국보 56호로 지정된 송광사 국사전은 송광사 16국사의 영정을 모시고 그 덕을 기리기 위해 세운 건물입니다. 1369년(고려 공민왕 18)에 처음 지었고, 그 뒤에 두 차례에 걸쳐 보수했습니다. 앞면 네 칸, 옆면 세 칸 크기에 맞배지붕, 공포가 기둥 위에만 있는 주심포양식의 건물입니다. 내부의 우물천장 연꽃무늬와 대들보의 용무늬는 처음 지을 당시의 모습을 그대로 보존하고 있는 것으로 보입니다. 조선 시대 초기의 소박하고 아담한 형태로, 오랫동안 원래 자리를 지켜온 송광사의 살아 있는 역사요, 정신으로 평가받는 중요한 건축물이지요.

대웅전 뒤에 있는 송광사 하사당은 보물 263호로 지정되어 있습니다. 스님들이 생활하는 공간으로, 조선 시대 전기의 단층 맞배지붕에 공포가 기둥 위에만 있는 주심포양식입니다. 특히 부엌에는 지붕 위로 조그만 환기구를 만들었는데, 다른 건물에서는 볼 수 없는 시설입니다.

국보 43호로 지정된 고려고종제서는 1216년(고려 고종 3)에 진각 국사 혜심에게 대선사의 호를 하사한 제서입니다. 혜심 스님은 송광사의 16국사로 보조 국사의 제자이고, 고려 시대 후기 불교계에 커다란 흔적을 남겼다고 합니다. 문서는 주로 혜심의 학문과 덕망을 찬양하는 내용이 적혀 있고, 보존 상태는 그리 좋지 않다고 합니다.

송광사에는 국보 및 보물급 불화가 많이 남아 있습니다. 송광사 화엄전 화엄탱은 《화엄경》의 7처9회七處九會의 설법 내용을 그린 그림이지요. 보물 1366호로 지정되어 있습니다.

보물 1368호로 지정된 송광사 영산전 후불탱·팔상탱은 영산전에 모셔진 불화들입니다. 1725년(영조 원년)에 그린 그림으로, 여느 영산회상도와 달리 그림 아랫부분에 설법을 듣는 청중들과 사리불까지 배치시켰습니다.

송광사의 문화재는 여기서 끝이 아닙니다. 보물 90호로 지정된 《대반열반경소》는 닥종이에 찍은 목판본입니다. 본래 《대반열반경》은 부처님의 열반을 다루고 있는 경전으로, 중생들에게 열반을 종교와 철학적으로 깊이 이해시키기 위해 만들어졌습니다. 조선 세조 때 불경을 한글로 풀이해 간행한 간경도감에서 고려의 속장경을 보고 다시 새겨 만들었습니다. 불교경전으로서만이 아니라, 우리나라 판본 연구에 귀중한 자료입니다.

이밖에도 독특한 유물들이 있습니다. 보물 176호로 지정된 순

천 송광사 금동요령은 우리나라 요령 가운데 가장 오래전에 만들어진 요령으로 추정하고 있습니다. 고려 시대 초기에 청동으로 만들어졌는데, 송광사에서 행사도구로 전해 내려왔지요. 요령은 중생들을 깨우쳐 주기 위해 울리는 종으로, 몸은 사각형이고 각 면이 팽창되어 둥근 형태를 하고 있습니다. 순천 송광사 금동요령은 우아한 형태와 아름다운 조각으로 우리나라 요령 가운데 걸작에 속합니다.

송광사는 다른 절들과 달리 석등과 석탑이 없습니다. 송광사가 있는 조계산은 불[火]의 기운이 흐르고 있다고 합니다. 실제로 이곳은 정유재란에서 한국전쟁까지 큰 화재만 무려 다섯 차례나 겪었답니다. 그래서인지 불을 다스리기 위해 경내 모든 목조 건물 계단 앞에 사자상을 세웠고, 경내로 불일계곡이라는 물길을 흐르게 했습니다.

그 대신 송광사에는 세 가지 명물이 있습니다. 4천여 명 분량의 밥을 담을 수 있는 '비사리 구시'와 정교함이 돋보이는 음식 그릇 '능견난사' 그리고 수령이 800년으로 나무 전체가 엿가락처럼 꼬였고 가지가 모두 땅을 향하고 있는 곱향나무 '쌍향수' 입니다. 이 명물들은 송광사의 역사와 저력을 말해 주는 특색 있는 볼거리지요.

톡톡! 이야기 주머니

송광사 이름 이야기

송광사의 절 이름에는 몇 가지 전설이 있습니다.

첫째는 18명의 큰스님들이 나서 널리 부처님의 가르침을 펼칠 절이라는 뜻이지요. 송광이라는 절 이름을 한자로 풀면, '송松'이 '十八(木)+公'으로 나타납니다. 이것은 18명의 큰스님을 뜻합니다. 그리고 '광廣'은 넓다는 의미 그대로 불법을 널리 펴는 것을 말합니다. 그래서 18명의 큰스님들이 나서 불법을 크게 펼칠 절이라고 하지요.

둘째는 보조 국사 지눌 스님과 연관된 전설입니다. 스님이 정혜결사를 옮기기 위해 터를 잡을 때였습니다. 모후산에서 나무로 깎은 솔개를 날렸더니, 지금의 국사전 뒷등에 솔개가 떨어져 앉았다고 합니다. 그래서 그 뒷등의 이름을 치락대(솔개가 내려앉은 대)라 불렀다고 하지요. 이 전설을 토대로 육당 최남선은 송광의 뜻을 솔갱이(솔개, 소나무의 사투리)라 해 송광사를 솔갱이 절이라 풀었습니다.

마지막으로 산 이름이 절 이름으로 바뀌었다는 설입니다. 예부터 산에 소나무(솔갱이)가 많아 '솔메'라 불렸고, 산 이름도 송광산이 되었다고 합니다. 이 산 이름이 절 이름으로 바뀌어 송광사가 되었다는 이야기지요.

18명의 큰 스님들처럼 불법을 펼쳐야지!

선암사

[중등 국사]

주소 전라남도 순천시 승주읍 죽학리 산 802
홈페이지 http://www.seonamsa.co.kr
주요 문화재 부도, 대웅전, 승선교, 3층 석탑 등

선암사는 무척 아름다운 사찰로, 특히 봄 풍경이 가장 아름다운 절이랍니다. 600년이 넘은 토종 매화가 흐드러지게 피어 꽃대궐을 만들기 때문이지요. 선암사 입구에서 일주문까지는 울창한 숲길이 펼쳐져 있지요. 우리나라에서 가장 아름답다는 반원형의 돌다리인 선암사 승선교와 신선들이 놀았다는 강선루, 도선 국사가 팠다는 연못 삼인당을 지나면 일주문에 이르게 됩니다.

선암사는 백제 성왕 때 세웠다고도 하고, 875년(통일신라 헌강

선암사 신선이 내린 바위라는 뜻의 선암사에는 사천왕상, 천불, 대웅전의 어간문이 없다고 한다.

왕 5)에 도선 국사가 세웠다고도 합니다. 고려 시대에 대각 국사 의천이 보수했으며, 임진왜란 이후 화재로 문을 닫게 된 것을 두어 차례 다시 고쳐 지었습니다.

선암사 승선교 반원형의 아름다운 돌다리로 선암사 경내로 들어가려면 이 다리를 지나야 한다.

 절 서쪽에는 높이가 십여 장이나 되고 면이 평평한 큰 돌이 있지요. 사람들은 이 바위를 옛 선인들이 바둑을 둔 곳이라 보고, '선암'이라 불렀습니다. 신선이 내린 바위라는 뜻이지요. 이 '선암'에서 '선암사'라는 절 이름이 생겼다고 합니다.

 선암사에는 세 가지 보물이 있습니다. 각황전 철불, 사리탑 두 기, 부도밭 세 곳으로 순서까지 정해져 있어서 몹시 흥미롭습니다. 반대로 선암사에는 여느 절과 달리 다음 세 가지가 없습니다.

 첫째는 사천왕상이 없습니다. 조계산의 수많은 장군봉이 사천왕상을 대신하기 때문이라고 하지요. 둘째는 대웅전을 드나들 수 있는 어간문이 없습니다. 실제 어간문 역할을 하는 문의 문지방이 어른 가슴 높이라서 공력이 높은 이들만 드나들 수 있기 때문입니다. 셋째는 천불전에 천불이 없습니다. 선암사를 서쳐 간 수많은 스님이 바로 천불이기 때문이라고 하지요.

 아름다운 풍경과 흥미로운 이야기가 있는 선암사! 선암사에는 내로라하는 보물급 유적과 유물이 많답니다. 보물 400호로 지정된 선암사 승선교는 조선 숙종 때 만들어진 반원형 돌다리입니다. 순천 선암사 경내로 들어가려면 시냇물을 건너야 합니다. 이 시냇물 위에 건널목으로 놓인 다리가 바로 승선교입니다. 선암사

선암사 일주문 임진왜란과 병자호란 때 불타지 않은 유일한 건물로, 조선 시대 일주문의 양식을 잘 보존하고 있다.

승선교는 인근에 있는 보물 304호로 지정된 벌교 홍교와 양식적인 공통점이 있지만 그보다 먼저 만들어졌고, 자연미가 훨씬 넘치는 다리입니다.

선암사의 중심 법당은 석가모니불을 모신 순천 선암사 대웅전이지요. 보물 1311호로 지정되어 있습니다. 1824년(순조 24)에 고쳐 지은 앞면 세 칸, 옆면 세 칸 규모로 다포양식에 팔작지붕으로 장엄하며 화려한 건물이지요. 특히 건물 안쪽의 화려한 연꽃봉오리 장식에서 조선 시대 후기의 화려하고 장식적인 수법을 확인할 수 있답니다.

순천 선암사 대웅전 앞 좌우에는 서로 규모와 수법이 같은 석탑이 두 기 서 있습니다. 보물 395호로 지정된 선암사 3층 석탑이지요. 2단의 기단 위에 3층의 몸돌과 지붕돌을 올린 형태로 전형적인 신라 시대 석탑입니다. 탑 몸부는 몸돌과 지붕돌이 하나의 돌로 되어 있으며, 지붕돌 정상에 2층의 굴곡을 이룬 굄이 있는 것이 매우 독특합니다.

이 석탑을 해체 복원할 때 유물 세 점이 발견되었습니다. 보물 955호로 청자 항아리, 백자 항아리가 각각 한 점씩 있었고, 백자 항아리 안에는 금동사리탑이 들어 있었습니다.

선암사에는 선암사의 삼부도라 불리는 부도가 세 기 있습니다. 보물 1117호로 지정된 선암사 대각암 부도, 보물 1184호로 지

정된 선암사 북부도, 보물 1185호로 지정된 선암사 동부도지요.

　대각암은 선암사에 딸린 암자입니다. 대각 국사 의천이 이곳에서 크게 깨달음을 얻었다고 해서 '대각암'이라는 이름이 붙여졌지요. 그래서 이 대각암 부도는 대각 국사 의천과 관련된 부도로 추정하고 있습니다. 전형적인 팔각 부도로, 세 개의 받침돌로 이루어진 기단 위에 탑을 올리고, 머리 장식을 얹어 놓았습니다.

　선암사 북부도는 선암사 북쪽 산중턱의 선조암이라는 암자에 있습니다. 전체적으로 팔각에 세 개의 받침돌로 이루어진 기단 위로 탑을 올려놓았습니다. 이 부도는 지붕돌 일부의 귀꽃이 약간 손상되었을 뿐, 각 부재가 완전한 상태로 통일신라 시대의 팔각원당형의 전형을 그대로 따르고 있답니다. 선암사 동부도는 선암사 무우전 뒤편 동북쪽에 있는 고려 시대 부도이지요. 전체적인 형태는 다른 부도와 비슷하지만 규모는 가장 큰 부도입니다.

　이밖에도 선암사에는 보물 1044호로 지정된 순천 선암사 대각 국사 의천 진영이 있습니다. 이 대각 국사 의천 진영은 고려 시대 승려인 대각 국사 의천의 초상화입니다. 의천은 고려 문종의 넷째 아들로 천태종의 시조이지요. 의자에 앉아 오른쪽을 바라보는 모습을 비단에 채색했습니다. 습기로 얼룩이 지고, 일부 굴곡진 부분이 떨어져 나갔으나, 보존 상태는 양호한 편입니다.

깨달음 얻으려고 '대각암' 왔는데 졸음만 쏟아지네!

낙안읍성

[초등 사회 3-2, 초등 사회과 탐구 4-2]

주소 전라남도 순천시 낙안면 동·서·남내리

마치 조선 시대에 와 있는 착각이 들 만큼 그 시대의 흔적이 고스란히 남아 있는 마을이 있습니다. 바로 낙안의 민속마을이지요. 이 마을은 낙안읍성에 둘러싸인 덕분에 옛 모습을 지금까지 보존할 수 있었습니다. 낙안읍성은 고려 시대 말기부터 극심해진 왜구의 피해를 막기 위해 조선 시대 전기에 지은 토성입니다. 1397년(태조 6)에 왜구가 침입하자, 이 고장 출신인 김빈길 장군이 의병을 일으켜 토성을 쌓고 왜구를 무찔렀다고 합니다. 임경

낙안읍성 고려 시대 말기부터 극심해진 왜구의 침입을 막기 위해 흙으로 쌓은 성이다.

업 장군이 하룻밤에 쌓았다는 이야기도 전해 오지만, 세종 때 전라도 관찰사의 건의로 본래보다 크기를 키워서 돌로 성을 쌓았다는 기록이 있습니다.

낙안읍성은 조선 시대 초기의 전형적인 읍성의 모습입니다. 거대한 성곽에 둘러싸여 있지만 들판 가운데 세웠기에 높이가 낮지요. 정사각형 자연석을 이용해 양 벽을 쌓는 기법으로 튼튼하게 지었습니다.

낙안읍성은 성이면서 마을이기도 합니다. 성 안에 동헌을 비롯해 마을이 조성되었지요. 지금도 성 안에는 전통마을 108세대가 옛 모습 그대로를 지키며 생활하고 있답니다. 부엌, 토방, 툇마루 등이 원형대로 보존되어 있고, 남부 지방 특유의 주거 양식을 볼 수 있지요.

원래 낙안읍성은 행정관리가 사는 기와집이 반, 서민들이 사는 초가집이 반으로 마을이 조성되었다고 합니다. 성 안에는 양반들이 사는 집이 없는데, 행정관리와 양반이 가까이 살면 부정부패가 생기기 쉽다고 양반들을 성 밖에 나가 살도록 했기 때문입니다.

성곽을 따라 동서남북에 네 개의 성문이 있었으나 북문은 호랑이의 피해가 잦아 문을 닫았다고 합니다. 동문은 낙풍루, 남문은 쌍청루 또는 진남루라고 합니다. 서문은 낙추문이라 하며, 성문 정면으로 ㄷ자형 옹성이 성문을 에워싸고 있습니다. 동문에서 남문으로 이어지는 성곽이 가장 잘 보존되어 있지요. 옹성은 남·서문 터에서만 흔적을 볼 수 있습니다. 남문 터는 마을 안 골

목길에 있는데, 네모진 바위를 3단으로 쌓아 올린 성문 벽이 길가에 그대로 남아 있습니다. 성 안에는 1536년(중종 31)에 지은 객사가 온전히 남아 있고, 대성전 등 아홉 채나 되는 향교가 보존되어 있습니다.

낙안읍성은 그 원형이 가장 잘 보존되어 있는 읍성으로, 명실공히 우리나라의 대표적인 조선 시대 읍성으로 인정받습니다.

톡톡! 이야기 주머니

임경업 장군과 누나

임경업 장군이 낙안읍성을 하룻밤 만에 쌓았다는 전설이 있지요. 아마도 조선 인조 4년에 임경업 장군이 낙안 군수로 있었기 때문인 것 같습니다. 낙안읍성에는 임경업 장군의 누나와 관련된 이야기가 함께 전해집니다. 임경업 장군에게는 누나가 한 분 계셨지요. 임경업 장군의 누나는 장군이 성을 쌓는 것을 돕기 위해 장군과 내기를 벌였습니다. 장군이 성곽을 쌓는 동안, 누나는 병사들이 입을 옷을 만들기로 한 것이지요. 누가 더 빨리 맡은 일을 완성하는지, 하는 내기였지요. 얼마 뒤, 누나는 옷을 다 지었지만 병사들의 사기가 내려갈까 염려해서 만들어 놓은 옷고름을 모두 잘랐습니다. 그리고 장군이 성곽을 다 쌓은 다음에야 옷고름을 달았다고 합니다.

여수 진남관

[초등 사회과 탐구 5-2, 초등 사회 6-1]

주소 전라남도 여수시 군자동 471

여수에는 남해를 호령하던 이순신 장군의 늠름한 기상이 느껴지는 건물이 있습니다. 바로 국보 304호로 지정된 여수 진남관입니다. 이곳은 원래 이순신 장군이 전라좌수영 본영으로 사용하던 곳으로, '진해루'라는 누각이 있던 자리였습니다. 진해루는 정유재란 때 불에 타서 없어졌지요. 1599년(선조 32)에 삼도 수군통제사 겸 전라좌수사로 부임한 이시언은 이 자리에 전라좌수영 건물로 75칸의 거대한 객사(나그네가 묵는 집)를 지어 진남관이라

여수 진남관 75칸의 거대한 객사는 일제강점기 이후에는 학교 교실로 사용하기도 했다.

했습니다.

'진남'은 남쪽을 진압한다는 뜻으로, 남쪽의 왜구를 진압해서 나라를 평안하게 하고자 하는 의미를 담고 있지요. 현재 모습은 1718년(숙종 44)에 전라좌수사 이제면이 다시 고쳐 지은 것입니다. 진남관은 높은 언덕에 자리하고 있어 한눈에 남쪽 바다와 여수 시내가 훤히 보입니다. 계단을 올라가면 2층 누각인 망해루가 진남관의 첫 관문 역할을 하고 있지요. 다시 계단을 올라가면 통

여수 진남관 내부구조 직사각형의 돌로 앞면 3단 옆면 2단의 기단 위에 자연초석을 깔고 민흘림 원형 기둥을 68개 세웠다.

제문이 있고, 그곳을 지나야 비로소 진남관을 볼 수 있습니다.

 건물 규모가 앞면 15칸, 옆면 5칸, 건물 면적 240평으로, 단층 팔작지붕으로 된 거대하고 웅장한 건물로 현존하는 지방관아 건물로 최대 규모입니다. 직사각형의 돌로 앞면 3단, 옆면 2단의 기단 위에 자연초석을 깔고 민흘림 원형기둥을 68개나 세웠습니다. 평면 전체가 통칸으로 뚫려 있고 벽도 없으며 창호도 달지 않았습니다. 2단으로 된 겹처마인 지붕 처마선이 일정하지 않고 가운데 부분이 완만한 곡선 형태로 약간 위쪽으로 치우쳐져 있지요. 가구는 간결하면서도 건실한 부재를 사용해서 전체적으로 건물이 웅장해 보입니다.

 공포는 기둥 위에만 배치하고 S자 모양으로 되어 있는 용이 여의주를 물고 있는 모습으로 꾸몄습니다. 대들보는 단청이 빛을 바라기는 했어도, 마치 용의 형상을 표현한 듯 웅장한 기상을 품고 있습니다. 바닥은 우물마루이고 천장은 서까래가 노출된 연등천장입니다. 이처럼 건물의 각 부재들이 화려하고 안정감 있게 배치되어 거대하고 강인한 느낌을 준답니다.

 원래 객사로 지은 건물이지만 역대 임금의 궐패(중국 황제를 상징한 '패' 자를 새긴 나무패)를 모시고, 음력 초하루와 보름에 임금이 있는 궁궐 쪽을 향해서 절하는 의식을 올렸습니다. 국경일에는 군민들이 모여 봉도식(궐패에 절하던 의식)을 거행했다고 합니다. 일제강점기 이후에는 50여 년 동안 학교 교실로 사용하기도 했습니다.

무위사

[초등 사회 6-1]

주소 전라남도 강진군 성전면 월하리 1174
홈페이지 http://www.muwisa.com
주요 문화재 극락전, 선각 대사 편광탑비, 백의관음도 등

아름다운 능선이 병풍처럼 펼쳐져 남쪽의 금강산으로 불리는 월출산 자락에는 무위사라는 절이 있습니다. 무위사는 617년(신라 진평왕 39)에 원효 대사가 관음사라는 이름으로 세운 절이지요. 오랫동안 큰 절의 명맥을 유지했던 무위사는 화재 등으로 절의 규모가 줄어들면서, 몇몇 건물만 남게 되었습니다. 최근 들어 여러 전각을 보수하면서 옛 모습을 차츰 찾아가고 있지요.

무위사 극락전은 국보 13호로 1430년(세종 12)에 지은 조선 시

무위사 극락전 국보 13호로, 고려 시대 말기에는 곡선재를 많이 썼는데, 이 건물은 직선재를 써서 간결하면서도 세련미가 넘친다.

대 초기 건물입니다. 앞면 세 칸, 옆면 세 칸으로 맞배지붕에 공포가 기둥 위에만 있는 주심포양식을 따르고 있지요. 배흘림기둥을 세웠으며 간결하면서도 아름다운 조각의 공포를 얹었습니다. 고려 시대 말기에는 건축에 곡선재를 많이 썼는데, 무위사 극락전은 직선재를 써서 옆면이 간결하면서도 균형 잡힌 짜임새가 돋보입니다. 그래서 조선 시대 초기에 세워진 주심포 건축 가운데 가장 발달된 구조 양식을 가지고 있으며, 고려 시대 양식보다 세련미가 넘치는 것이 특징입니다. 노란 벽 색깔이 유난히 도드라지며 기둥과 들보를 볼 수 있는 옆면이 더욱 아름답습니다.

무위사 극락전 안쪽 벽에는 보물 1315호로 지정된 무위사 극락전 내벽사면벽화가 있었습니다. 삼존불화와 아미타내영도를 포함해서 총 29점이었지요. 무위사 극락전을 보수하면서 이 벽화들을 벽면에서 통째로 뜯어내 벽화보존각에 별도로 모셔 놓았습니다. 아미타내영도, 석가여래설법도, 휙휙 그려낸 너울과 옷자락이 멋있는 해수관음좌상도, 보살좌상도, 오불도, 하늘을 날며 악기를 연주하는 모습의 비천선인도 등 모두 벽화보존관의 유리장 안에 보존되어 있지요. 벽화는 조금씩 제작 시기가 다르기는 해도, 모두 고려 불화의 전통을 이은 조선 시대 작품입니다.

수월관음도라고도 불리는 무위사 극락전 백의관음도는 보물 1314호로 지정되어 있습니다. 무위사 극락전 후불벽화인 아미타후불벽화의 뒷면 그림이지요. 넘실대는 파도 위에서 백의를 입고 두 손을 앞으로 교차해 버들가지와 정병을 들고 있는 관음보살이 무척 당당해 보입니다. 백의관음도의 앞쪽 아래에는 스

무위사 극락전 백의관음도 앞면의 아미타후불벽화와 함께 고려 불화의 전통을 이은 조선 시대 초기 작품이다.

강진 무위사 극락전 아미타여래삼존벽화 조선 시대 아미타불도 가운데 가장 오래된 작품이다. 화려한 고려 불화의 영향과 조선 시대 초기의 새로운 수법이 잘 표현된 걸작으로 평가받는다.

님이 그려져 있지요. 관음보살을 향해 무릎을 꿇고 두 손을 벌려 손뼉을 치는 것 같습니다. 스님의 어깨 위에는 새 한 마리가 앉아 있습니다. 관음도에 얽힌 전설의 파랑새와 관련이 있는 듯합니다.

일반적으로 아미타삼존도라 부르는 강진 무위사 극락전 아미타여래삼존벽화는 보물 1313호로 지정되었다가 2009년에 국보 313호로 변경되었습니다. 무위사 극락전 후불벽 앞면에 그린 아미타삼존불벽화입니다. 앞에 모셔 둔 목조아미타삼존불상의 모습을 그대로 그려놓은 듯 보이는 그림이지요. 우리나라에 현존하는 조선 시대 아미타불도 가운데 가장 연대가 오래된 작품으로 호화찬란한 고려 불화의 영향과 조선 시대 초기의 새로운 수법이 잘 표현된 걸작으로 평가받습니다.

보물 1312호로 지정된 무위사 목조아미타삼존불좌상은 극락전에 조성된 조선 시대 초기의 목조삼존불상입니다. 1476년(성종 7)에 제작된 후불 벽화와 형식이 비슷해서 같은 시기에 조성된 것으로 보이지요. 아미타불을 중심 불상으로 왼쪽에는 관음보살상, 오른쪽에는 지장보살상이 있습니다. 전체적으로 풍만하면서도 단정하고 엄숙한 얼굴, 처진 젖가슴, 넓은 무릎 너비, 두툼한 옷, 독특한 옷 주름 등에서 고려 시대 후기 불상의 영향을 받은 조선 시대 초기의 불상 양식이 엿보입니다.

무위사 선각 대사 편광탑비는 보물 507호로 지정되어 있습니다. 선각 대사를 기리기 위해 946년(고려 정종 원년)에 세운 탑비로, 선각 대사 편광영탑과 나란히 서 있습니다. 비 받침과 비 몸돌, 머릿돌을 모두 갖춘 완전한 모습의 탑비이지요. 그 시대의 다른 비석에 비해 여의주를 물고 있는 사나운 용의 형상을 한 비 받침이나 구름무늬, 연꽃무늬 등이 사실적으로 보인답니다.

선각 대사는 신라 시대 말기의 유명한 스님인 형미 스님입니다. 918년(고려 태조 원년)에 54세의 나이로 돌아가시자, 고려 태조가 '선각'이라는 시호를 내리고, 탑 이름을 '편광탑'이라 붙였지요. 이 비는 선각 대사가 돌아가신 지 28년 만에 세워졌으며, 조각 예술의 우수성을 잘 나타내고 있습니다.

무위사 선각 대사 편광탑비 선각 대사가 돌아가신 지 28년 만에 세워졌다. 조각 수법이 사실적이며, 조각 예술의 우수성을 잘 나타내는 작품이다.

톡톡! 이야기 주머니

백의관음상의 눈동자

무위사 극락전에는 많은 벽화가 있었습니다. 지금은 벽화보존각에 따로 있지만 이 벽화들을 보면 무위사가 마치 벽화 보물창고 같다고 느낄 정도랍니다.

무위사 극락전에는 파랑새 전설이 전해 내려오지요. 조선 세종 때 극락전을 완성하고 얼마 지나지 않았을 때였습니다. 한 늙은 스님이 절을 찾아왔습니다. 스님은 자신이 법당의 벽화를 그릴 테니, 49일 동안 누구도 안을 들여다보지 말라고 당부했지요. 그런데 49일째 되던

날, 주지 스님은 궁금증을 참지 못하고 그만 법당의 문에 구멍을 뚫고 안을 살짝 들여다보았습니다. 그랬더니 파랑새 한 마리가 입에 붓을 물고 관음보살의 눈동자를 막 그리려 하고 있었습니다. 하지만 파랑새는 주지 스님이 자신이 한 말을 어기고, 몰래 들여다보는 것을 알아채고 붓을 입에 문 채 날아가 버렸지요. 그래서 백의관음보살도에는 눈동자가 그려지지 않았다고 합니다.

보면 안 된다고 그렇게 일렀거늘! 훨훨~

정다산 유적

[초등 읽기 4-1, 초등 사회과 탐구 6-1]

주소 전라남도 강진군 도암면 만덕리 339-1

조선 시대 실학을 완성한 다산 정약용은 강진에서 18년 동안 유배생활을 하면서 많은 책을 쓰신 분입니다. 정조의 신임을 받은 정약용은 수원 화성을 설계하기도 하고, 거중기를 고안한 과학자이기도 하지요.

정조의 죽음으로 순조가 즉위하자, 세도정치로 실학자들은 조정에 발을 붙이기가 힘들어졌습니다. 정약용도 사건에 관련되어 강진으로 유배를 가게 되었습니다. 처음에는 여러 곳을 옮겨 다

다산초당 조선 시대 실학자 정약용이 18년 동안 유배생활을 하던 곳이다. 이곳에서 500여 권에 이르는 책을 썼다.

니던 정약용은 외가였던 해남 윤씨의 도움으로 11년 동안 다산초당에 머물게 되었습니다. 다산초당은 강진만이 내려다보이는 만덕산 자락에 위치해 있지요. 솔숲으로 쌓인 이곳은 원래 작은 초가집이었지만 세월이 지나면서 허물어졌습니다. 그래서 1958년에 해남 윤씨 후손들이 다산유적보존회를 조직해 앞면 다섯 칸, 옆면 두 칸의 팔작지붕 기와집으로 재현해 놓았답니다. 그런데 정약용의 뜻을 기리기 위해 다시 초가지붕으로 바뀐다고 합니다.

초당 양옆에는 동암과 서암이라는 바위가 있고, 산마루에는 천일각이라는 누각이 있습니다. 천일각에서는 바다 멀리까지 내다볼 수 있는데, 정약용은 이곳에서 흑산도로 유배 간 형을 그리워했다고 합니다. 유배지에서 다도茶道를 익힌 다산은 이곳에서 차 마시기를 즐겨했습니다. 그래서 초당의 앞뜰에는 차를 달였던 '다조'라는 널찍한 바위가 있고, 초당 뒤에는 마르지 않는 샘물인 '약천'이 있습니다. 또한 초당이 있는 산에는 야생차가 많이 자라고 있지요. 초당 뒤에는 정약용이 직접 '정석丁石'이라고 새긴 바위도 있습니다.

추사 김정희는 정약용을 무척 존경했는데, 다산 정약용을 보배롭게 모시는 산방이라는 뜻의 '보정산방'과 '다산초당'이라고 쓴 현판이 바로 추사 김정희의 글씨이지요. 다산 정약용은 이 초당에서 《목민심서》와 《경세유표》를 비롯한 500여 권의 책을 썼답니다. 다산 정약용의 고향인 경기도 남양주에도 다산 정약용의 유적이 남아 있으니 함께 탐방 계획을 잡아 보는 것도 좋겠지요?

능가사

[중등 국사]

주소 전라남도 고흥군 점암면 성기리 371-1
주요 문화재 대웅전, 동종, 목조삼체불 등

여덟 봉우리로 이루어진 팔영산은 남쪽 다도해를 한눈에 볼 수 있는 곳입니다. 날씨가 좋을 때는 일본의 대마도도 볼 수 있지요. 중국 위왕의 세숫물에 여덟 개의 봉우리가 비쳐 그 산세를 중국에까지 떨쳤다는 전설이 전해지면서, 팔영산이라 불리게 되었습니다. 팔영산 기슭에는 화엄사, 송광사, 대흥사와 함께 호남 4대 사찰로 꼽히던 능가사가 있습니다.

능가사는 420년(신라 눌지왕 4)에 아도 화상이 세워서 보현사

능가사 대웅전 특이하게 북향으로 지어진 능가사 대웅전은 조선 시대 중·후기 전라남도 지역의 사찰 건축으로 중요한 가치가 있다.

라 불렀었다고 합니다. 임진왜란 때 불타 버려 1644년(인조 22)에 벽천 대사가 다시 고쳐 지으면서 인도의 명산을 능가한다고 능가사라 이름을 바꾸었습니다.

능가사는 현재 비구니 사찰로 이름이 높지요. 능가사 대웅전과 천왕문, 산신각, 요사채 등이 남아 있고, 불교의 유래와 절의 역사를 기록해 놓은 능가사 사적비와 목조사천왕상 등이 있습니다.

보물 1307호로 지정된 능가사 대웅전은 특이하게도 북향으로 되어 있으며, 팔작지붕 겹처마집으로 규모가 크고 웅장합니다. 자연석으로 주춧돌을 놓고 약간 거칠게 다듬은 배흘림기둥을 사용했지요. 다포양식으로 전체적으로 화려하고 웅장한 느낌을 준답니다.

조선 시대 대표적인 주조장인 김애립이 만든 고흥 능가사 동종은 보물 1557호로 지정되어 있습니다. 능가사 동종은 김애립이 만든 작품 가운데 가장 늦은 시기인 1698년(숙종 24)에 제작되었지만, 가장 뛰어난 역량을 보여 주는 대표작이지요. 전체적인 외형은 위가 좁고 아래로 가면서 점차 넓게 벌어져 여수 흥국사 동종과 비슷합니다. 종 꼭대기 부분의 장식인 용뉴는 쌍룡으로 여의주를 물고 있으며, 음통을 두지 않고 조그만 구멍을 뚫어 음통을 대신하고 있습니다. 이 범종을 치면 인근 점암면 일대에 소리가 가득 울려 퍼질 정도였습니다. 그러나 일제강점기에 일본인이 헌병대에 가져가 종을 쳐 보니 소리가 전혀 나지 않았다고 합니다.

고흥 능가사 동종 김애립의 작품 가운데 가장 뛰어난 대표적 종이다. 범종을 치면 점암면 일대에 소리가 가득 울려 퍼졌다고 한다.

태안사

[중등 국사]

주소 전라남도 곡성군 죽곡면 원달리 20
주요 문화재 광자 대사탑·비, 적인 선사 조륜청정탑 등

동리산 자락에 위치한 태안사는 한국전쟁으로 전각이 대부분 불에 타 사라졌습니다. 그래서 안타깝게도 지금은 옛 사찰의 자취를 찾아볼 수 없지요. 그렇지만 태안사로 들어가는 숲길은 여전히 아름다운 자연경관을 간직하고 있답니다. 특히 가을이면 오색 단풍이 장관을 이루어, 보는 이로 하여금 감탄을 자아냅니다.

또한 정심교, 반야교, 해탈교 다리와 정자 역할을 함께 하는 능파각이 절을 찾는 맛을 더해 주지요. 능파각은 형태가 매우 독

태안사 대안사라고도 한다. 혜철 국사가 이 절에서 법회를 열어 불교의 중심 사찰이 되었다.

특한 다리이자 정자랍니다. 계곡 양측에 자연 암반을 이용해 석축을 쌓고, 그 위에 커다란 통나무를 얹은 다음 건물을 올렸습니다.

태안사는 742년(통일신라 경덕왕 원년)에 하허삼위신승이 세웠습니다. 이후 혜철 국사가 이 절에서 법회를 열어 불교의 중심 사찰이 되었지요. 대규모 사찰을 이루어 고려 시대 초기에는 송광사, 화엄사가 모두 태안사의 관리를 받는 말사일 정도였답니다. 하지만 이후에는 조선 시대의 숭유억불 정책으로 크게 위축되었지요. 한국전쟁 때는 능파각과 일주문을 뺀 대부분 건물이 불타 버렸습니다.

태안사는 원래 이름이 대안사大安寺였으나 양녕대군이 이곳에서 국태민안(나라가 태평하고 백성이 편안함)을 비는 의식을 치른 다음 태안사泰安寺로 이름을 바꾸었지요. 현재 태안사에는 보물급 문화재가 많습니다.

보물 274호로 지정된 대안사 광자 대사탑은 고려 시대 초기 태안사를 고쳐 지은 광자 대사의 부도탑입니다. 대안사 광자 대사탑은 팔각원당형으로 신라 부도탑의 전형을 충실히 따르고 있으며, 950년(고려 광종 원년)에 세워졌습니다. 전체적인 모습이 거의 완전하게 남아 있어 완벽한 형태미를 보여 주지요. 각부의 구성과 덩굴무늬와 연꽃무늬, 사천왕상 등의 조각 수법이 정교하고 조화롭습니다. 원래는 경내 왼편 숲 속에 있었으나 지금은 일주문 옆으로 옮겨져 있습니다. 조성했을 때 사찰 이름이 대안사라 대안사 광자대사탑으로 불리지요.

대안사 광자대사탑과 함께 세워진 대안사 광자 대사비는 광자 대사의 부도탑비입니다. 보물 275호로 지정되어 있지요. 비가 파괴된 채로 비석 머릿돌과 거북 받침돌 사이에 끼워져 있었습니다. 머릿돌은 원래 적인 선사 부도비의 머릿돌이었다고 합니다. 새로 세우면서 뒤바뀌었지요. 용머리와 가릉빈가(불경에 나오는 상상의 새)의 조각이 매우 생생하고 역동적입니다.

태안사의 중심에서 벗어난 북쪽 언덕에는 보물 273호로 지정된 대안사 적인 선사 조륜청정탑이 있습니다. 적인 선사 혜철의 사리를 모셔 놓은 부도탑이지요. 흙 담장을 쌓은 공간 안에 탑비와 함께 나란히 서 있답니다. 통일신라 시대의 전형적인 부도 양식인 팔각원당형이며 화려하지는 않지만 조각이나 형태가 충실하고 안정감이 있습니다. 전체적인 형태는 무겁지만 너그러운 품위를 지녔고, 각 부분의 조각은 매우 자세하게 새겨져 있어 사실적인 아름다움이 돋보이지요.

곡성 태안사 동종은 보물 1349호로 조선 세조 때 처음 만들었습니다. 이후 종이 깨져서 선조 때 다시 만들었답니다. 이 태안사 동종은 한국 종의 독창적인 조형 양식을 계승하고 있지요. 제작과 명문이 뚜렷하게 조각되어 있으며, 종을 만드는 기술도 비교적 좋은 편입니다. 특히 조각이 무척 아름답고 부드럽답니다.

대안사? 태안사?
에고 헷갈려~.

곡성 가곡리 5층 석탑

[초등 사회 6-1]
주소 전라남도 곡성군 오산면 가곡리 2

곡성 가곡리 5층 석탑 전체적으로 우아하고 조각 기법이 세련되어 안정감을 보이는 석탑이다. 몸돌의 받침이 있는 점으로 보아 고려 시대 석탑으로 보인다.

보물 1322호로 지정된 곡성 가곡리 5층 석탑은 백제의 양식을 계승한 고려 시대 석탑입니다. 탑이 있는 자리는 원래 절이 있었지만 지금은 사라지고 탑만 남아 있지요.

가곡리 5층 석탑은 2단의 기단 위에 5층의 몸돌과 지붕돌을 얹었습니다. 맨 아래 바닥돌은 시멘트로 만든 기단에 묻혀서 그 모습을 알 수 없습니다. 아래 기단은 아무 모양이 없고, 위층 기단에는 모서리기둥이 새겨져 있습니다. 1층 몸돌은 4매의 돌, 2층 이상의 몸돌은 1매의 돌로 이루어져 있고, 각 몸돌마다 모서리기둥이 있습니다. 2층부터 5층까지의 몸돌 남쪽 면에는 네모난 홈을 파서 감실의 효과를 냈습니다. 1층부터 4층까지의 지붕돌 받침은 3단이고, 5층 지붕돌 받침은 2단이며, 지붕돌은 알맞은 비례로 줄어들었습니다. 지붕돌 양끝의 귀마루가 두껍고, 처마선이 수평을 이루다가 끝에 이르러 위로 살짝 들어올린 것은 백제계 탑의 특징입니다. 하지만 탑 몸과 지붕돌에 나타난 표현 양식과 더불어 몸돌 받침이 있는 점은 고려 시대 석탑의 대표적인 양식이라 할 수 있지요.

전체적으로 우아하고 조각 기법이 매우 세련되며 안정감을 보이는 석탑입니다. 머리 장식부를 제외한, 각부의 부재는 비교적 원형을 잘 유지하고 있지요. 고려 시대에 세운 일반형 석탑의 양식은 물론 충청도와 전라도 지방을 중심으로 세워졌던 백제계 석탑의 특징을 잘 보여 주고 있답니다.

화엄사

[초등 사회 6-1]

주소 전라남도 구례군 마산면 황전리 12
홈페이지 http://www.hwaeomsa.org
주요 문화재 영산회괘불탱, 각황전 앞 석등, 사사자 3층 석탑 등

지리산은 신라 시대 이래로 다섯 명산 가운데 하나이며, 천제를 지내던 신령스러운 산입니다. 그래서인지 산자락을 따라 이름난 절들이 많습니다. 특히 천년 고찰 화엄사는 지리산 노고단으로 오르는 계곡 쪽에 자리하고 있지요. 유서 깊은 절이라 석조 문화재도 많지만 나뭇결이 그대로 느껴지는 목조 건물도 많습니다.

화엄사는 544년(신라 진흥왕 5)에 인도 승려인 연기 조사가 세웠다고 전합니다. 그러나 안타깝게도 임진왜란 때 막대한 피해를 입었지요. 임진왜란이 끝난 후, 복구를 시작해 조선 시대 후기에

화엄사 우리나라를 대표하는 사찰로, 건물의 배치가 대웅전이 아닌, 각황전을 중심으로 이루어져 있다.

이르기까지 여러 차례 다시 고쳐 지었습니다. 현재 화엄사는 우리나라를 대표하는 사찰로 손꼽힙니다.

화엄사는 다른 절들과 배치가 다릅니다. 대부분의 절은 대웅전을 중심으로 건물을 배치하지만, 화엄사는 각황전이 중심을 이루며 비로자나불을 중심 불상으로 공양하고 있지요. 국보 67호로 지정된 화엄사 각황전은 대표 전각입니다. 숙종이 직접 '각황전'이라 쓴 현판을 내려 각황전이라는 이름을 가지게 되었지요. '각황'이란 '임금을 깨닫게 한다'는 뜻이라고 합니다. 화엄사 각황전은 신라 시대 때 쌓은 것으로 보이는 돌 기단 위에 앞면 일곱 칸, 옆면 다섯 칸 규모로 지은 2층 전각입니다.

각황전 앞에는 국보 12호인 화엄사 각황전 앞 석등이 있습니다. 우리나라에서 가장 규모가 크고 완성도가 높은 통일신라 시대의 대표적 석등이지요. 불을 밝혀 두는 화사석을 중심으로, 아래로는 3단의 받침돌을 두고, 위로는 지붕돌을 올린 다음 꼭대기에 머리 장식을 얹어 마무리한 전형적인 석등의 형태를 가지고 있습니다. 활짝 핀 연꽃 조각에서 소박한 아름다움이, 화사석과 지붕돌 등에서 웅장한 조각미가 느껴지는 작품이랍니다.

또 다른 탑으로 화엄사 사사자 3층 석탑이 있습니다. 국보 35호로 2단의 기단 위에 3층의 몸돌과 지붕돌을 올린 형태로, 전형적인 8세기 통일신라 석탑입니다. 아래층 기단의 각 면에는 천인상 天人像을 도드라지게 새겼고, 위층 기단은 암수 사자 네 마리를 각 모퉁이에 기둥삼아 세워 놓았습니다. 특히 사자는 모두 앞을 바라보며 입을 벌린 채 날카로운 이를 드러내고 있지요. 중앙에

화엄사 원통전 전 사자탑 통일신라 시대 석탑으로 형태가 독특하다. 사자상은 화엄사 사사자 3층 석탑을 모방한 듯하다.

는 스님상이 사자들에게 에워싸인 채 합장하고 서 있습니다. 각 부분의 조각이 뛰어날 뿐만 아니라, 지붕돌에서 경쾌한 아름다움을 보여 주는 석탑이지요.

원통전 앞에는 보물 300호로 지정된 원통전 전 사자탑이 서 있습니다. 이 탑은 통일신라 시대 석탑으로 형태가 독특합니다. 2단의 기단 가운데 아래층 기단은 무늬 없는 석재로 구성했고, 위층 기단은 각 모서리에 사자상을 놓았지요. 사자 네 마리는 연꽃받침 위에 앉아 연꽃이 조각된 길쭉하고 네모난 돌을 이고 있습니다. 탑은 직육면체 모양의 몸돌로, 각 면에 직사각형의 테두리를 둘러 신장상을 새겼습니다. 몸돌 위에는 한 장의 판돌이 있는데, 밑면에는 연꽃이 새겨져 있고 윗면에는 둥근 돌을 반으로 자른 모양의 돌이 솟아 있습니다. 사자상은 화엄사 사사자 3층 석탑을 모방한 듯합니다.

국보 301호로 지정된 화엄사 영산회괘불탱은 1653년(효종 4)에 만든 괘불입니다. 석가가 영축산에서 설법하는 모습인 영산회상을 그린 그림이 '영산회상도'이고, 절에서 큰 법회나 의식을 행하기 위해 법당 앞뜰에 걸어 놓고 예배를 드리는 대형 불교 그림을 '괘불'이라고 합니다. 이 괘불은 매우 섬세하고 치밀하게 표현했습니다. 석가불을 비롯해 각 상들의 늘씬하고 균형 잡힌 형태, 밝고 선명하며 다양한 색채, 치밀하고 화려한 꽃무늬 장식 등에서 17세기 중엽 불화의 특징이 잘 드러나 있습니다.

대웅전 앞에는 동서로 두 탑이 서 있습니다. 동쪽에 있는 동 5층 석탑과 서쪽에 있는 서 5층 석탑이지요. 동 5층 석탑은 보물 132호로 지정되어 있습니다. 서 5층 석탑과 크기는 비슷하지만 별 다른 장식이 없고 단정한 모습을 하고 있습니다. 단층의 기단 위에 5층의 탑을 올린 형태로, 기단의 각 면에는 모서리기둥인 우주와 버팀목기둥인 탱주를 조각했습니다. 탑 몸부는 1층 몸돌이 높이에 비해 넓어서 안정감이 있습니다. 너비의 줄임은 크고, 높이의 줄임은 적어 늘씬하게 보이지요.

화엄사 서 5층 석탑 화엄사 대웅전 앞에 동·서로 서 있는 석탑 가운데 서쪽에 있는 석탑이다. 동쪽 탑은 아무런 조각이 없지만 서쪽 탑은 조각과 장식이 있다.

보물 133호로 지정된 서 5층 석탑은 2단의 기단 위에 5층의 탑을 올린 형태입니다. 동 5층 석탑과 달리 장식과 조각이 많은 편이지요. 몸돌과 지붕돌은 각각 하나의 돌이며, 지붕돌은 각 층마다 밑면에 5단의 받침을 갖추고 처마 밑은 수평하게 만들었습니다. 꼭대기는 2층의 단을 둔 받침 위로 구슬 모양의 장식인 보주가 놓여 있습니다. 전체적으로 높고 가파르면서도 아래위 비율과 지붕돌을 경쾌하게 처리한 수법이 잘 조화되어 우아한 기품을 지니고 있지요.

이 서 5층 석탑을 해체 보수 작업을 하다가 탑 내부에서 통일 신라 시대의 일괄 유물이 발견되었습니다. 보물 1348호로 지정된 서 5층 석탑 사리장엄구입니다. 청동방울과 장식, 철제칼, 금속편, 수정 등의 다양한 유물이 나왔지요. 이 유물들은 통일신라 시대 사회를 살펴볼 수 있는 유물들로 귀중한 자료로 평가받고 있답니다.

톡톡! 이야기 주머니

화엄사 각황전 이야기

　장륙전은 화엄사를 있게 한 중심 전각인데, 임진왜란 당시 불에 타서 사라지고 말았습니다. 조선 숙종 때 벽암 스님의 제자였던 계파 스님은 스승의 명을 받아 장륙전을 다시 짓기 위해 일을 시작했으나 형편이 좋지 않아 걱정이 태산이었습니다. 그래서 밤새 기도를 드렸는데, 꿈에 백발 노승이 나타나 "너무 걱정 말고 내일 아침 길을 떠나라. 그리고 제일 먼저 만나는 사람에게 시주를 권하라"고 했답니다.

　계파 스님은 백발 노승의 말대로 시주를 떠났습니다. 그런데 제일 먼저 만난 사람이 거지 노파였습니다. 스님은 난감했지만 꿈을 믿고 장륙전 건립의 시주를 간절히 청했지요. 그런데 아무 도움을 줄 수 없었던 거지 노파는 죽어서라도 다시 절을 짓는 일에 도움이 되겠다며 늪에 몸을 던졌습니다. 깜짝 놀란 스님은 몇 해 동안 세상을 떠돌며 다녔지요. 그러다 우연히 나이 어린 공주님을 만나게 되었답니다. 공주님은 스님을 보자마자 반갑게 매달렸습니다. 공주는 태어나면서부터 한 손을 펴지 않은 채 꼭 쥐고 있었는데, 스님을 보자 손을 폈습니다. 그런데 손에는 '장륙전'이라는 세 글자가 쓰여 있었지요. 이 소식을 들은 숙종은 계파 스님에게 자초지종 이야기를 듣고 감동해 장륙전을 지을 수 있도록 도와주었답니다. 전각이 완성이 되자 '왕이 깨달아 건립했다'는 뜻으로 '각황전'이라 부르게 되었지요.

연곡사

[초등 사회 4-2]

주소 전라남도 구례군 토지면 내동리 산 54-1
주요 문화재 동부도, 북부도 등

지리산 피아골에 있는 연곡사는 봄에는 매화와 산수유가 가득 피고, 가을에는 오색단풍이 물드는 아름다운 곳입니다. 544년(신라 진흥왕 5)에 화엄사를 지은 연기 조사가 세운 절이랍니다. 연곡사는 그 이름처럼 제비와 관련된 창건 설화가 있습니다. 연기 조사는 지금의 대웅전 자리에 연못이 있는 것을 보았습니다. 이 연못에서 갑자기 물이 소용돌이치며 제비 한 마리가 솟구쳐 날아갔습니다. 이 모습을 본 연기 조사는 이곳에 범상치 않은 기운이 있다고 생각해, 연못을 메운 다음 법당을 지어 '연곡사'라고 했습니다.

연곡사는 일제강점기에는 항일의병 본거지로, 한국전쟁 때는 빨치산의 활동 무대로 쓰이면서 여러 차례 전각이 불타 버렸습니다. 지금의 건물은 거의 현대에 지은 건물들입니다. 비록 목조 건물은 불타 없어졌지만, 석

연곡사 동부도비 받침돌은 용머리에 몸은 거북형상이다. 거북 등에 새의 날개 문양을 새겨 놓은 점이 특이하다.

연곡사 동부도 　　　　　　　　　연곡사 북부도

조 건물은 다행히 옛날의 모습을 간직하고 있지요.

　연곡사는 고려 시대 전기까지 스님들이 선을 닦는 절로 유명했습니다. 그래서인지 유난히 부도가 많이 있지요. 국보 53호로 지정된 연곡사 동부도는 통일신라 시대에 조성된 부도로 추정하고 있습니다. 연곡사의 동쪽에 있으며, 네모난 바닥돌 위에 세워져 있지요. 전체적으로 팔각형을 기본으로 하고 있습니다. 기단 위에 사리를 모시는 탑을 두고, 그 위에 머리 장식을 얹는 석탑과 같은 구성입니다. 기단은 3층으로 아래 받침돌, 가운데 받침돌, 윗받침돌을 올렸습니다. 머리 장식으로는 날아갈듯 날개를 활짝 편 봉황의 모습과 연꽃을 새겨 아래위로 새겨 놓았습니다. 도선 국사의 부도라 하지만 확실하지는 않지요. 이 부도는 화순 쌍봉사의 철감 선사 부도와 함께 우리나라 부도탑의 아름다움을 보여 주는 걸작으로 꼽습니다. 돌을 깎아 만들었다고 믿기지 않을 만큼 비례가 정교하고 완벽하며, 화려하고 우아한 기품을 뽐내는 작품이지요.

연곡사 동부도 앞에는 보물 153호로 지정된 연곡사 동부도비가 세워져 있습니다. 비 몸돌은 없어지고 받침돌 위에 머릿돌을 얹어 놓은 모습이지요. 받침돌은 용머리에 몸은 거북 형상입니다. 거북 등에 새의 날개 문양을 새겨 놓은 점이 특이하지요. 비를 끼우는 비좌에는 구름과 연꽃 문양이 장식되어 있고, 머릿돌에는 용무늬는 없고 구름 문양만 새겨져 있습니다. 부도비의 주인을 알 수 없지만 고려 시대 작품으로 추정하고 있습니다.

국보 54호로 지정된 연곡사 북부도는 연곡사 동부도와 거의 흡사하게 생긴 부도입니다. 연곡사 내의 북쪽 산 중턱에 있는 네모난 바닥돌 위에 세워져 있지요. 전체적으로 팔각형을 기본으로 하고 고려 시대 전기에 만들어졌습니다. 세부적인 문양에서 조금 차이가 있지만 전체적인 형태나 크기가 연곡사 동부도와 거의 흡사하고, 연곡사 동부도보다 제작 시기가 늦은 것으로 보아 연곡사 동부도를 본떠 만든 듯합니다. 고려 시대 팔각형 부도를 대표할 만한 훌륭한 작품이랍니다.

보물 152호로 지정된 연곡사 현각 선사 탑비는 979년(고려 경종 4)에 현각 선사를 기리기 위해 세운 탑비입니다. 비 앞면에 탑 이름이 새겨져 있어 현각 선사의 탑임을 알 수 있지요. 임진왜란

때 비 몸돌이 사라져 현재는 받침돌 위에 머릿돌만 얹은 모습만 남아 있습니다. 받침돌이 매우 크고, 머릿돌에는 여러 마리의 용이 서로 얽혀 있어 전체적으로 크고 용맹스러운 느낌을 줍니다.

연곡사의 법당 남쪽에는 보물 151호로 지정된 연곡사 3층 석탑이 서 있습니다. 3단의 기단 위로 3층의 몸돌과 지붕돌을 올렸고, 기단의 각 층에 모서리기둥과 버팀목기둥을 새겼습니다. 몸돌과 지붕돌은 각각 하나의 돌로 되어 있지요. 전체적으로 체감 비율이 온화하며 안정감이 느껴지는 아름다운 탑이랍니다.

연곡사 현각 선사 탑비 고려 시대의 현각 선사를 기리기 위해 세운 탑비로, 임진왜란 때 비 몸돌이 없어졌다.

연곡사 일대는 조선 시대 말기 수백 명의 의병이 왜군과 싸운 곳이랍니다. 당시 순절한 의병장 고광순의 순절비가 동백나무숲 아래 있지요. 연곡사를 둘러볼 때 꼭 들러서 애국선열의 정신을 새기는 기회를 가지면 좋겠지요?

개선사지 석등

[초등 사회 4-2]
주소 전라남도 담양군 남면 학선리 593

　광주와 인접한 담양의 외진 곳에 석등 하나가 덩그러니 서 있습니다. 바로 보물 111호로 지정된 개선사지 석등이지요. 석등의 규모나 조각 수법으로 보면 과거 개선사는 상당히 규모가 큰 사찰이었으리라 생각됩니다. 현재 개선사 관련 유물은 거의 발굴되지 않았습니다. 개선사지 석등도 오랫동안 땅속에 파묻혀 있었지요. 훼손된 곳이 많아서 복원해 원래 모습대로 세워 놓은 것입니다.

　개선사지 석등은 높이 3.5미터로 제법 규모가 큽니다. 네모난 바닥돌 위에 각 면에 눈 모양의 장식인 안상을 새긴 팔각받침돌을 올려놓았지요. 그 위로 연꽃 여덟 장을 새겼고, 아래 받침돌에는 엎어 놓은 연꽃 모양을 새겼습니다. 사잇기둥은 장고 모양이며 윗받침돌에는 솟은 연꽃 모양을 새겼습니다. 불을 밝혀 두는 화사석은 팔각이며 화창이 여덟 면에 뚫려 있어 시원하게 보입니다. 지붕돌은 아랫면에 낮고 널찍한 괴임이 있고, 팔각의 끝부분에는 꽃 모양을 둥글게 조각해 놓았지요. 안타깝게도 현재는 한 개만 온존한 상태이고, 나머지는 훼손되었습니다.

개선사지 석등이 다시 고쳐 세운 것임에도 불구하고 그 가치가 높게 평가되는 데에는 이유가 있답니다. 화사석 화창 둘레에 있는 명문 때문이지요. 891년(통일신라 진성여왕 5)에 새긴 글로 "신라 경문왕과 문의왕후, 공주의 발원으로 영판 스님이 석등 두 기를 조성했다. 868년에 처음 불을 밝히고, 891년에 입운 스님의 뜻으로 명문을 새겨 넣었다"라는 내용이지요. 통일신라 시대 석등 가운데 글씨를 새긴 유일한 작품으로 비슷한 시대의 다른 작품의 연대와 특징을 연구하는 데 있어 표준이 되고 있습니다.

톡톡! 생각 주머니

석등은 왜 세워졌을까요?

등불은 어둠을 밝혀 주는 역할을 하지요? 그렇다면 사찰에서 볼 수 있는 석등은 어떤 역할을 하는 것일까요?

불교에서 등은 어두움을 밝혀 주는 목적도 있지만, 스스로 등불을 밝혀야 된다는 부처의 가르침에서 세워졌습니다. 부처의 깊은 진리를 불로 밝혀 전하겠다는 의미이지요. 그래서 사찰의 법당 앞이나 석탑 앞에 세워졌습니다. 석등은 땅 위에 바닥돌을 깔고 아래 받침돌, 석등의 기둥, 윗받침돌을 차례로 쌓은 후 그 위에 등불을 켜 넣는 화사석을 놓고 옥개석(석탑이나 석등 위에 지붕처럼 덮는 돌)을 얹어 꼭대기에 구슬 모양의 보주로 꾸민 구조로 이루어져 있습니다. 불을 밝히는 화사석을 팔각으로 해서 네 면에 창을 내고 나머지 네 면은 벽으로 하는 것이 기본 형식이지만, 여덟 면에 모두 창을 내기도 합니다. 석등은 팔각을 기본으로 해 다양한 형태를 이루고 있지요. 아래 받침돌과 윗받침돌에 연꽃무늬나 신장, 보살, 사자 등으로 조각해 아름다운 형태를 만든답니다.

너무 어두워요.
등불 좀 밝혀 줘요!

담양읍 석당간·5층 석탑

[초등 사회 4-2]

주소 전라남도 담양군 담양읍 객사리 45(석당간)
전라남도 담양군 담양읍 지침리 4(5층 석탑)

담양읍 석당간 꼭대기에 모자를 쓴 듯 둥근 보륜이 있는 이 석당간은, 1839년에 고쳐 세웠다.

담양의 메타세쿼이아 가로수 길은 풍경이 빼어나게 아름답습니다. 이 메타세쿼이아 가로수 길을 사이에 두고 석당간과 5층 석탑이 서 있습니다. 두 유물은 같은 절에 있었던 것으로 추정되는데, 지금은 절터마저 사라지고 논으로 변해 버렸지요.

보물 505호로 지정된 담양읍 석당간은 논 옆에 서 있습니다. 단층 기단은 바닥돌을 겸하는 직사각형 모양으로, 윗면이 약간 경사졌을 뿐 옆면은 아무런 무늬가 없지요. 당간을 받치는 당간지주는 네모반듯한 돌기둥으로 약 80센티미터 사이를 두고 남북으로 마주 보고 있지요. 아랫부분은 기단 받침대 안에 묻혀 있어 자세한 구조를 알 수 없답니다. 당간은 가늘고 긴 팔각 돌기둥 세 개를 연결해 놓았으며, 연결 부위에는 철로 띠를 둘러놓았습니다. 꼭대기에는 쇠로 만든 둥근 보륜이 마치 모자를 쓴 듯하고, 풍경 같은 장식물이 달려 있으며 위에는 철침이 솟아 있지요. 이 석당간은 근처에 있는 5층 석탑이 고려 시대 양식을 따르는 것으로 보아 함께 고려 시대에 조성되었으리라 짐작됩니다. 또한 바로 옆에 세워진 석비에는 석당간이 1839년(헌종 5)에 고쳐 세웠다고 적혀 있습니다.

보물 506호로 지정된 담양읍 5층 석탑은 들 가운데 우뚝 서 있습니다. 탑은 단층의 기단 위에 5층의 몸돌과 지붕돌을 올린 모습으로 탑 꼭대기 머리 장식은 모두 없어진 상태이지요. 기단부는 다른 탑에 비해 낮게 조성되었습니다. 기단 맨 윗돌의 너비가 1층 지붕돌의 너비보다 좁은 점이 매우 독특합니다. 탑이 전체적으로 위로 줄어드는 비율이 알맞아 안정적인 모습을 보이지요. 지붕돌은 두껍고 처마는 경사졌으며, 네 귀퉁이는 가볍게 들렸습니다. 귀퉁이에는 풍경을 달았던 구멍이 있습니다. 조성 연대는 고려 시대 초기로 짐작되는데, 담양이 백제의 옛 땅임을 고려할 때 부여 정림사지 5층 석탑을 본떠 만들어졌으리라 봅니다.

담양읍 5층 석탑 보물 506호로, 부여 정림사지 5층 석탑을 본떠 만들어졌다.

담양 소쇄원

[중등 국사]

주소 전라남도 담양군 남면 지곡리 123
홈페이지 http://www.soswaewon.org

옛 사람들은 자연을 거스르지 않고 있는 그대로 받아들이려고 했습니다. 자연에 약간의 손질만 더해서 자연과 인공이 조화를 이루게 했지요. 담양 소쇄원은 그 대표적인 사례입니다. 영양 서석지, 보길도의 세연정과 함께 우리나라의 3대 정원으로 꼽히는 담양 소쇄원! 우리나라 선비의 풍류와 미학을 엿볼 수 있는 곳이지요.

소쇄원이란 '상쾌하고 깨끗하다'는 뜻입니다. 조선 중종 때

제월당 소쇄원의 대표적인 건축물로 '비 개인 하늘의 상쾌한 달'이라는 뜻이다.

기묘사화로 사약을 받고 죽임을 당한 문신 조광조의 제자 양산보가 조성한 정원이지요. 양산보는 스승 조광조의 죽음으로 충격을 받아 벼슬을 포기하고 고향으로 내려왔습니다. 그리고 평생 자연 속에서 살기 위해 소쇄원을 지었습니다. 양산보는 소쇄원을 팔지도 말고 어리석은 후손에게 물려주지도 말라는 유언을 남겼습니다. 그 덕분인지 소쇄원은 지금까지 원형이 제법 잘 보존되어 있답니다.

　소쇄원의 정원은 계곡을 중심으로 사다리꼴 형태로 되어 있습니다. 기능과 공간의 특성에 따라 애양단구역, 오곡문구역, 제월당구역, 광풍각구역으로 구분할 수 있지요. 정원 내에는 대나무, 소나무, 느티나무, 단풍나무들이 우거진 숲이 있으며, 입구에는 대나무 밭이 있습니다. 대나무 숲길을 따라 올라가면 담장 밑을 흐르는 맑은 계곡 물이 작은 폭포를 이루어 정자 앞에서 떨어집니다. 계곡의 물이 다섯 번을 돌아내린다는 오곡문, 도연명의 무릉도원을 재현하려는 복사동산, 자연과 인공이 조화를 이루는 물레방아와 폭포가 무척 정겹습니다. 소쇄원의 건물들은 이름도 참 예쁩니다. 제월당은 소쇄원의 대표적인 건물로, '비 개인 하늘의 상쾌한 달'이라는 뜻입니다. 광풍각은 사랑방으로 '비 갠 뒤에 해가 뜨며 부는 청량한 바람'이라는 뜻이지요. 여름에 광풍각의 문짝을 들어내면 바람이 잘 들 뿐 아니라, 방 안에 앉아 바깥의 풍경을 감상할 수 있답니다. 소쇄원은 조선 시대 대표적인 민가 정원으로 많은 학자가 모여 학문을 토론하고 창작활동을 벌이던 곳입니다. 담장 군데군데에 글자가 새겨져 있어 수없이 오고간

광풍각 소쇄원의 사랑방으로 '비 갠 뒤에 해가 뜨며 부는 청량한 바람'이라는 뜻이다.

선비들의 자취를 느낄 수 있습니다. 우리나라 선비들의 고고한 품성과 절의가 엿보이는 아름다운 정원이지요.

담양에는 이밖에도 선비 정신을 간직한 누각과 정자가 많습니다. 주변 경치가 아름다워 그림자도 쉬어 간다는 '식영정', 송강 정철이 4년가량 머물며 많은 문학작품을 남긴 '송강정', 가사 문학의 최고라고 꼽히는 〈면앙정가〉를 지은 송순이 머문 '면앙정', 자연 그대로를 느낄 수 있는 '명옥헌원림'과 '독수정원림'이 있으니 소쇄원에 들를 때에는 함께 둘러보는 것이 좋습니다. 이들 정각을 둘러보기 전에 소쇄원 옆에 있는 '가사문학관'을 먼저 가 보세요. 우리 가사문학을 미리 공부하고 가면 더 실속 있는 탐방이 될 테니까요!

벌교 홍교

[초등 사회과 탐구 6-1]
주소 전라남도 보성군 벌교읍 벌교리 153

남도에는 아름다운 무지개다리가 많이 있습니다. 순천 선암사 승선교, 여수 흥국사 홍교를 비롯해 보물 304호로 지정된 벌교의 홍교도 그 가운데 하나이지요. 홍교란 다리 밑이 무지개처럼 휘어 반원형이 되도록 쌓은 다리를 말합니다. 다른 이름으로는 아치교·홍예교·무지개다리라고도 하지요. 벌교 사람들은 이 다리를 '횡개다리' 라고도 부릅니다. 벌교 홍교는 현재 남아 있는 홍교 가운데 가장 규모가 크며, 지금도 주민들이 사용하고 있답니다.

원래 이곳은 바닷물이 드나들어 개펄이 많아 사람들이 오고가기가 힘들었습니다. 그래서 처음에는 원목으로 만든 뗏목다리를

벌교 홍교 홍교란 다리 밑이 무지개처럼 반원형이 되도록 쌓은 다리를 말한다. 현재 남아 있는 홍교 중 가장 크며, 지금도 주민들이 이용하고 있다.

벌교 홍교 중수비 다리를 여러 번 고쳐 지으면서 중수비를 세웠다.

놓았었지요. 여기에서 뗏목다리라는 벌교의 이름이 유래했습니다.

조선 시대 벌교는 낙안현에 속해 있었습니다. 1728년(영조 4)의 대홍수로 뗏목다리가 없어지자 이듬해에 선암사의 초안 선사가 돌다리로 만들어 놓았지요. 그 뒤 1737년(영조 13)에 다리를 세 칸의 무지개다리로 고쳤고, 1844년(헌종 10)에도 크게 보수했습니다. 1981~1984년에는 홍교의 아랫부분과 바깥벽의 시멘트를 제거하고 모두 화강암으로 교체해 본래의 무지개다리 모습을 되찾았으며, 지금의 다리 모습이 되었답니다.

이 다리는 선암사의 승선교를 모범으로 만든 것으로 추정하고 있습니다. 구조 양식이 매우 뚜렷하고, 민간신앙을 반영한 듯 다리 밑의 천장 한가운데마다 용머리를 조각한 돌이 아래를 향해 튀어나오게 해놓았지요. 용머리는 다소 추상적으로 생겼는데, 사악한 기운이 바닷물을 타고 마을 안으로 들어오지 못하게 막기 위한 것이라고 합니다. 예전에는 용 코끝에 풍경을 매달아 울리게 했다고도 합니다. 썰물 때는 다리 밑바닥이 거의 드러나지만, 밀물 때는 대부분 물속에 잠겼습니다.

화려하면서도 단아한 홍교는 여러 번 고쳐 지은 탓인지, 다리 주위로 중수비가 많이 세워져 있습니다. 주민들은 60년마다 한 번씩 이 다리를 위해 회갑잔치를 해준다고 합니다.

보성 우천리 3층 석탑

[초등 사회 4-2]
주소 전라남도 보성군 조성면 우천리 325-3

보성 우천리 3층 석탑 우천리 마을 앞 논 한가운데에 세워져 있다. 몸돌과 지붕돌의 비례가 잘 맞는 것으로 보아 통일신라 시대인 9세기경에 조성된 것으로 보인다.

우천리에는 오랫동안 마을 입구에 서서 수호신 역할을 하고 있는 탑이 있답니다. 바로 보물 943호로 지정된 보성 우천리 3층 석탑이지요. 전라남도에 있는 석탑 가운데 통일신라 시대 석탑의 전형을 가장 잘 갖춘 3층 석탑으로 평가받고 있습니다.

보성 우천리 3층 석탑은 마을 앞 논 한가운데 세워져 소박하고 정겨운 느낌을 줍니다. 예전에는 징광사라는 절에 딸린 부속 절에 있었다고 전하지만 정확한 기록은 남아 있지 않지요. 기단의 일부분이 땅속에 묻혀 있고, 바닥은 시멘트로 발라져 밑 부분의 정확한 모습을 알 수 없습니다. 밖으로 드러난 넓은 기단부에는 기둥을 본뜬 조각을 새겼지요. 3층으로 된 탑은 몸돌과 지붕돌이 각각 하나의 돌로 이루어져 있습니다.

특이한 것은 3층 지붕돌 부분에 찰주 구멍이 없다는 점입니다. 꼭대기에는 네모난 지붕 모양의 노반과 그릇을 엎어 놓은 것 같은 복발만이 남아 있지요. 보성 우천리 3층 석탑은 1970년에 해체해 복원했으며, 각 층 몸돌과 지붕돌의 비례가 잘 맞는 것으로 보아 통일신라 시대인 9세기경에 조성된 것으로 짐작하고 있답니다.

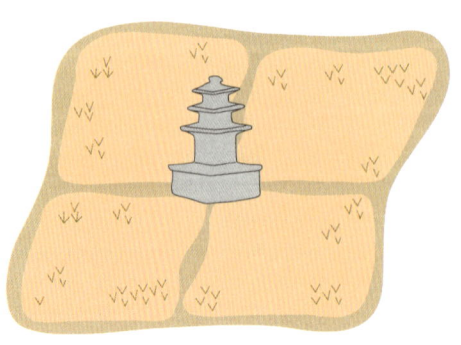

논 한가운데 보물인 석탑이 있다고?

보성 유신리 마애여래좌상

[초등 사회 4-2]
주소 전라남도 보성군 율어면 유신리 125

천년의 세월을 은은한 미소로 지켜오고 있는 보성 유신리 마애여래좌상! 존제산 자락 바위계곡에서 가장 큰 바위에 새겨져 있습니다. 보물 944호로 지정된 보성 유신리 마애여래좌상은 예로부터 미륵등, 미륵댕이라 불렸지요. 고려 시대에는 존제사 또는 일월사라는 절이 있었다고 하는데, 지금은 건물이 없고 옛날 기와조각만 발견되고 있답니다. 정확한 기록이 없어 언제 문을 닫았는지는 알 수가 없지요.

이 마애여래좌상은 통일신라 시대의 전성기 흔적이 남아 있는 고려 시대 초기의 작품입니다. 비록 마모가 많이 진행되었지만 부드러운 곡선과 전체적으로 자연스럽게 균형이 잡혀 있어 머리와 얼굴의 윤곽이 생생하답니다. 민머리의 중앙에는 상투 모양의 머리묶음이 있고, 둥글고 원만한 얼굴을 하고 있습니다. 안타깝게도 코와 입부분이 파손되었습니다. 둥글고 탄탄한 어깨는 전체적으로 안정감이 있고 자비로워 보이지요. 양어깨를 감싼 옷은 양팔에 걸쳐 무릎을 덮었는데 마치 어깨 부분에 별도의 옷을 걸친 듯 표현되어 매우 독특하답니다. 우리나라에서는 찾아보기 힘든 복장이지요. 두 손은 가슴에서 모아 엄지와 검지를 맞대고 있습니다. 설법을 하고 있는 모습을 표현한 것이지요.

대좌의 아랫부분에는 아래로 향한 연꽃잎, 가운데 부분에는 기둥과 구슬 모양을, 윗부분에는 위로 향한 연꽃잎을 조각했습니다. 전체적으로 안정감이 있고 부드러우면서도 생동감이 넘치는 우수한 작품이랍니다.

불갑사

[초등 사회과 탐구 5-2]

주소 전라남도 영광군 불갑면 모악리 8
홈페이지 http://www.bulgapsa.org
주요 문화재 대웅전, 목조삼세불좌상, 천왕문 등

　잎과 꽃이 함께 피지 않아 상사화라고 불리는 석산(꽃무릇)이 많이 피는 불갑사! 불갑사에는 천연기념물인 참식나무, 동백꽃나무, 사시사철 푸른 맥문동, 가을 단풍, 왕대숲 등의 자연이 한데 어우러진 아름다운 절이랍니다.

　384년(백제 침류왕 원년)에 인도 스님 마라난타가 백제에 불교를 전하면서 불갑산 기슭에 불갑사를 세웠지요. 백제에 들어와 제일 처음 지은 절이라 처음 불佛, 첫째 갑甲 불갑사라 했답니다.

불갑사 대웅전 앞면 세 칸, 옆면 세 칸의 팔작지붕의 다포양식 건물이다. 조선 시대 중기의 건축 특성을 보여 준다.

불갑사는 1597년(선조 30) 정유재란 때 대부분의 전각이 불에 타 버렸습니다. 그 뒤에 다시 불당을 일으켰지만, 지금은 옛 영광을 돌이킬 수 있을 만큼 큰 규모는 아닙니다.

돌계단을 올라 처음으로 마주하게 되는 사천왕문 안에는 불갑사 사천왕상이 모셔져 있지요. 이 사천왕상은 도선 국사가 세운 연기사에 있던 작품인데, 조선 시대 말기 고종 때 설두 선사가 불갑사를 고쳐 지으면서 문을 닫은 연기사에서 이곳으로 옮겨 왔다고 합니다. 특히 불갑사에는 송광사를 비롯해 몇몇 사찰에만 있는 불교 의식에 쓰이는 북인 법고·목어(나무를 잉어 모양으로 깎아 그 속을 두드려 소리를 내는 도구) 등을 온전히 갖추고 있어 인간 세계는 물론 모든 짐승에게도 불법을 알려주는 사찰이랍니다.

지금은 백양사의 관리를 받는 작은 절이지만 백제 최초의 사찰이었던 만큼 사찰 곳곳에 천 년 전 백제의 흔적이 남아 있으며, 어느 절 못지않게 그윽하면서 수려한 경치가 불갑사의 청정한 세계를 더욱 맑고 아름답게 해줍니다.

보물 830호로 지정된 불갑사 대웅전은 앞면 세 칸, 옆면 세 칸의 팔작지붕에 다포양식 건물입니다. 이곳에는 조선 시대 중기의 건축 특성을 잘 보여 주는 부재들이 보존되어 있지요. 기단은 화강암으로 다졌고, 기둥은 그 두께가 아랫부분에서 점차로 커지다가 서서히 좁아져 마치 항아리와 같은 형태를 가진 배흘림기둥으로 살짝 처리했습니다. 지붕 윗부분에서 작은 석탑과 보리수를 조각한 장식을 볼 수 있으며, 가운데 칸 좌우의 기둥 위에는 용머리를 조각했습니다.

이 대웅전에서 가장 눈에 띄는 것은 바로 화려한 문살입니다. 불갑사 대웅전의 앞면은 모두 세 부분으로 나눈 소슬무늬의 빗살 문을 마련했고, 문 중앙에는 연화문과 국화문이 수려하게 조각되어 분위기가 매우 화사하지요. 그리고 까치와 학을 그린 벽화가 있습니다.

이 벽화에는 전설이 하나 전해집니다. 어느 화공이 그림을 그리면서 절대 안을 들여다보지 말라고 했습니다. 그러나 어떤 사람이 너무 궁금한 나머지 그만 안을 들여다보았고, 화공은 피를 흘리며 죽었습니다. 그 피가 까치가 되어 날아갔다는 이야기입니다.

불갑사 대웅전에는 보물 1377호로 지정된 불갑사 목조삼세불 좌상이 모셔져 있습니다. 나무로 만든 삼세불좌상이지요. 중심 불상인 석가모니불을 중심으로 왼쪽에는 약사불, 오른쪽에는 아미타불이 자리하고 있습니다. 석가모니불은 삼존불 가운데 가장 크고 건장한 신체에 무릎이 넓어 안정되어 보입니다. 양손 모두 마치 실제 인물의 손처럼 표현해서 사실성이 돋보이지요. 약사불과 아미타불은 석가모니불에 비해 규모가 작지만, 전체적인 양식은 비슷합니다. 불상 안에서 발견된 불상을 조성한 기록을 통해 1635년 무염 스님을 비롯한 승일·도우·성수 등의 열 명의 화승들이 조성했다는 사실을 알 수 있습니다.

문화재를 관람할 때는 조심! 조심!

도갑사

[중등 국사]

주소 전라남도 영암군 군서면 도갑리 8
홈페이지 http://www.dogapsa.org
주요 문화재 해탈문, 5층 석탑 등

월출산에서 이어진 도갑산의 넓은 산자락에 도갑사가 자리하고 있습니다. 도갑사는 구림천 계곡 물이 절 옆으로 흐르는 아주 운치 있는 절이지요. 도갑사는 도선 국사가 신라 시대 말기 헌강왕 때 세웠다고 전해집니다.

도갑사는 불교가 억압을 받던 조선 시대에도 많은 암자를 거느리고 큰 영향력을 가진 사찰이었습니다. 그러나 임진왜란과 정유재란으로 많은 문화재가 불타 버렸을 뿐만 아니라, 일제강점기

도갑사 해탈문 국보 50호로, '모든 번뇌를 벗어버린다'는 뜻의 해탈문은 도갑사에서 가장 오래된 문화재이다.

와 한국전쟁으로 옛 모습을 많이 잃어버렸지요. 현재는 2층의 대웅전을 다시 지어 옛 모습을 찾아가고 있습니다.

도갑사 입구에는 국보 50호로 지정된 도갑사 해탈문이 서 있습니다. 앞면 세 칸, 옆면 두 칸 크기로 도갑사에서 가장 오래된 문화재이지요. 해탈문이란 '모든 번뇌를 벗어버리는 문'이라는 뜻입니다. 돌로 된 기단석 위에 세운 작은 문으로, 가운데 통로를 만들고 좌우 한 칸에 절 문을 지키는 금강역사상이 서 있습니다. 건물 위쪽에는 도갑사의 앞문임을 알리는 '월출산 도갑사'라는 현판이 걸려 있으며, 반대편에는 '해탈문'이라는 현판이 걸려 있답니다.

대웅전 바로 앞에는 보물 1433호로 지정된 도갑사 5층 석탑이 서 있지요. 단층의 기단 위에 5층의 몸돌과 지붕돌을 올린 형태로 조각 및 구조 수법 등의 특징으로 보아 고려 시대 초기에 조성된 작품으로 추정하고 있습니다. 몸돌은 2층에서부터 급격히 높이를 줄여 위층으로 갈수록 서서히 작아집니다. 탑 꼭대기에는 네모난 지붕 모양의 노반이 있고 그 위에 구슬 모양의 보주를 얹었습니다. 각 부재가 온전히 잘 남아 있으며 전체적으로 안정미가 돋보이는 석탑이랍니다.

도갑사 5층 석탑 고려 시대 초기에 조성된 작품으로 각 부재가 온전히 남아 있으며 안정미가 돋보이는 석탑이다.

톡톡! 이야기 주머니

도갑사 창건 설화

불교가 번성하던 신라 시대 때에는 나라에 어려운 일이 생기면 절을 세우게 했답니다. 신라 시대 말기에도 자꾸 나라의 운명이 기울게 되자, 월출산에 99칸의 큰 절을 세우게 했지요. 왕은 100칸은 왕궁 이외에는 짓지 못하게 되어 있으니, 99칸으로 신라에서 가장 아름답고 웅장한 대웅전을 지을 것을 명령했습니다. 그런 대웅전을 짓기 위해서는 지붕 안의 서까래를 잘 다듬어야 해요. 그래서 신라에서 가장 뛰어난 목수인 사보라 노인에게 일을 맡겼답니다. 노인은 팔순이 넘었지만 혼신의 힘을 다해 5백여 개의 서까래를 깎고 다듬었습니다. 그런데 지붕을 올리기로 한 날을 며칠 앞두고 보니 서까래가 생각보다 짧게 끊겨져 있음을 알게 되었습니다. 너무 걱정한 나머지 노인은 자리에 눕고 말았답니다. 그 모습을 안타깝게 지켜보던 며느리의 눈에 어느 날, 한 줄의 가지런한 서까래가 두 줄로 보이는 것이었습니다, 그래서 며느리는 시아버지에게 짧은 서까래를 겹쳐 대면 더 웅장하고 튼튼할 것이라고 말했지요. 노인은 며느리의 말을 따라 두 줄로 이었더니 서까래를 완성시킬 수 있었습니다.

처마 서까래의 끝에 덧얹는 네모지고 짧은 서까래를 '부연'이라고 하는데, '며느리서까래'라고도 부르지요. 그렇게 해서 완성된 도갑사는 우리나라 최초로 부연을 단 건물이 되었답니다.

도갑사는 '며느리 서까래'를 최초로 달았어요.

월출산 마애여래좌상

[초등 사회 4-2]
주소 전라남도 영암군 영암읍 회문리 산 26-3

월출산 마애여래좌상 신체의 비례가 부자연스럽기는 해도 거대한 불상으로 고려 시대의 지방적 석불 양식과 웅장하고 패기 있는 불상 모습을 잘 보여 주는 작품이다.

월출산은 최고봉인 천황봉을 비롯해 크고 작은 봉우리가 마치 예술작품처럼 어우러져 빼어난 절경을 자아냅니다. 특히 구정봉 서북쪽 암벽에는 사람들이 깜짝 놀랄 만큼 거대한 불상이 있답니다. 국보 144호로 지정된 고려 시대의 대표적인 월출산 마애여래좌상이지요. 암벽을 깊게 파서 불상이 들어앉을 자리를 만들고 그 안에 불상을 조성했습니다. 네모진 얼굴은 신체에 비해서 유난히 크고, 약간 치켜 올린 눈초리와 꽉 다문 입이 근엄하고 박력이 있습니다. 불상의 오른쪽 무릎 옆에는 부처님을 향해 예배하는 동자상이 조그맣고 얕게 새겨져 있지요. 광배는 머리 광배와 몸 광배를 따로 조각했으며, 그 안에 연꽃무늬와 덩굴무늬를 새겨 넣고 가장자리에는 불꽃무늬를 새겼답니다.

전체적으로 안정감이 있고 장중하며, 조각 수법이 섬세하고 정교해 박진감이 잘 드러난 작품이지요. 비록 신체 각부의 비례가 부자연스럽기는 해도, 거대한 불상으로 고려 시대의 지방적 석불 양식과 웅장하고 패기 있는 불상 모습을 잘 보여 주는 당대의 걸작으로 평가받는답니다.

필암서원

[초등 사회과 탐구 5-2]
주소 전라남도 장성군 황룡면 필암리 377

야트막한 산이 병풍처럼 둘러싸고, 앞에는 필암천이 유유히 흐르는 곳에 바로 장성 필암서원이 있습니다. 이 필암서원은 조선 시대 서원의 기본 구조를 모두 갖추고 있는 전형적인 서원이지요. 김인후와 양자징 두 분의 위패를 모신 서원이기도 합니다. 서원이 필암리에 있어서 필암서원이라고 이름이 지어졌지요. 필암이란 '붓바위'라는 뜻입니다.

장성은 서원과 선비가 많은 곳으로 예로부터 '문향文鄕'이라

필암서원 조선 시대 서원의 기본 구조를 모두 갖춘 필암서원은 김인후와 양자징의 위패를 모셔 두었다.

필암서원 장서각 69점의 고문서와 1300여 권의 책들이 보관되어 있다.

했습니다. 김인후 선생 역시 장성이 고향이지요. 김인후 선생은 인종이 세자였을 때 세자의 교육을 맡았다가 인종이 승하한 뒤 낙향해 제자들을 가르쳤습니다. 선생이 세상을 떠난 지 30여 년 뒤인 1590년(선조 23)에 서원이 세워졌습니다. 필암서원은 고종 때 서원철폐령에도 불구하고 호남에서 유일하게 문을 닫지 않은 곳이지요.

필암서원은 전체적으로 유교 건축의 모범을 보여 준다고 할 수 있습니다. 특히 조선 시대 서원의 기본 구조를 모두 갖춘 구조로 앞쪽은 공부하는 곳, 뒤쪽은 제사를 지내는 곳으로 지었습니다.

서원의 앞문에는 신성한 구역임을 알리는 홍살문과 문루인 확연루가 세워져 있습니다. 확연루는 앞면 세 칸, 옆면 세 칸의 이층 기와집으로 문루의 편액(글씨를 써서 방 안이나 문 위에 걸어 놓은 액자)은 우암 송시열의 글씨입니다.

필암서원 장서각에는 보물 587호로 지정된 필암서원 문서일괄이 있습니다. 이 자료들은 당시 지방교육과 제도 및 사회·경제상, 학자들의 생활상 등을 연구하는 데 중요한 자료이지요.

또한 필암서원 장서각에는 인종의 '묵죽도'와 조선 시대 후기의 시문집인 '하서집' 등 1300여 권의 책들이 보관되어 있습니다.

톡톡! 생각 주머니

하서 김인후 선생은 누구일까요?

하서 김인후 선생은 1510년(중종 5)에 지금의 장성군 황룡면 맥동리에서 태어났습니다. 어려서부터 장성의 신동이요, 천하 문장이라는 소리를 듣고 자랐지요. 18세 때 기묘사화로 동복(전남 화순)에 귀양 와 있던 신재 최산두를 찾아가 학문과 삶의 자세를 배웠습니다. 22세에 진사시에 합격, 34세 때 세자 시절의 인종을 가르쳤습니다. 35세 때 인종이 중종에 이어서 왕위에 올랐으나 이듬해 갑작스럽게 돌아가시자, 김인후는 모든 관직을 버리고 고향 장성으로 돌아왔지요. 그리고 제자들을 가르치는 일에 힘을 기울였습니다. 김인후는 인종이 돌아가신 7월 초하루만 되면 술병을 들고 산에 올라가 밤이 새도록 울었다고 합니다.

김인후는 인종의 스승이었고, 중종에게 백성을 잘살게 하고 나라를 부강하게 하는 왕도정치를 권했으며, 기묘사화 때 억울하게 죽거나 귀양 간 정암 조광조 등의 어진 사람들을 용서해 줄 것을 상소했습니다. 인종 원년에는 기묘명현(조선 중종 때 기묘사화로 화를 입은 사류)의 억울한 죄를 사하고 잘못된 폐습을 바로잡게 했습니다.

김인후는 1560년(명종 15)에 50세의 일기로 세상을 떠났고, 저서로는 《하서집》, 《주역관상편》, 《서명사천도》, 《백련초해》 등이 있습니다.

백양사 소요 대사 부도

[초등 사회 4-2]
주소 전라남도 장성군 북하면 약수리 20
홈페이지 http://www.baekyangsa.org

    내장산은 남녘에서 가을 단풍으로 유명한 산이랍니다. 이 내장산 못지않게 가을 단풍이 아름답기로 소문난 산이 바로 백암산이지요. 백암산은 암석이 모두 흰색이어서 붙여진 이름입니다. 백암산에는 백제 무왕 때 세운 백양사라는 절이 있답니다. 처음에는 백암사라 했고, 고려 시대에 정토사라 불리다가 조선 선조 때 환양 선사가 백양사로 고쳐 불렀지요.

    여기에는 전설이 하나 있습니다. 환양 선사가 이 절에서 법회를 열었는데, 법회 마지막 날 밤, 스님의 꿈속에 흰 양이 나타났

백양사 입구에 있는 부도밭

습니다. 흰 양은 "나는 천상에서 죄를 짓고 양으로 변했습니다. 이제 스님의 설법을 듣고 다시 환생해 천국으로 가게 되었습니다"라며 절을 했답니다. 그 이후로 절 이름이 백양사로 바뀌었다고 합니다.

백양사는 유서 깊은 절이어서 많은 문화재가 있습니다. 절 입구에 부도밭이 있는데, 그 가운데 백양사 소요 대사 부도는 보물 1346호로 지정되어 있습니다. 백양사 주지를 지낸 소요 대사의 묘탑이지요. 화강암으로 만들어진 부도로 바닥돌 아랫부분은 땅에 파묻혀 윗부분만 보입니다.

기단부는 팔각형으로 각 면에는 풀꽃무늬가 조각되어 있으며, 한 면에만 거북 모양이 새겨져 있습니다. 탑의 몸체는 종 모양입니다. 아랫부분에는 두 줄의 돌출된 선으로 윤곽을 그리고, 그 안에 게를 비롯한 여덟 마리의 동물을 사실적으로 표현했습니다. 게를 새긴 까닭은 이곳이 바다와 가깝기 때문인 듯 보입니다. 부도 앞면에는 '소요당逍遙堂'이라 새겨서 소요 대사의 부도임을 밝히고 있지요. 부도 맨 꼭대기에는 네 마리의 용머리가 석종을 움켜 물은 형태랍니다. 소요 대사의 부도는 백양사 이외에도 담양 용추사와 지리산 연곡사에도 있습니다.

백양사 소요 대사 부도 백양사 주지를 지낸 소요 대사의 묘탑이다. 이 부도는 범종의 형태로 주인공과 건립 연대가 확실해 중요한 자료로 평가된다.

보림사

[중등 국사]

주소 전라남도 장흥군 유치면 봉덕리 45
주요 문화재 3층 석탑, 석등, 철조비로자나불좌상, 동부도, 서부도 등

    가지산 남쪽 기슭에 있는 보림사는 사방이 반듯한 평지라 도량 전체가 한눈에 들어옵니다. 건물들을 넓게 배치해서 더욱 시원시원하지요. 특히 절 한가운데 있는 샘은 한국의 명수(제사를 지내거나 치성을 드릴 때 떠 놓는 물)로 불릴 만큼 유명합니다.

    보림사는 우리나라에 들어온 선종이 가장 먼저 정착한 절이랍니다. 860년경 보조 선사 체징이 보림사를 세웠습니다. 우리나라의 가지산 보림사는 인도의 가지산 보림사, 중국의 가지산 보

보림사 보조 선사 체징이 세운 보림사는 우리나라에 들어온 선종이 가장 먼저 정착한 절이다.

림사와 더불어 세계 3대 보림사의 하나랍니다. 체징 스님은 신라에 선종을 도입하고 보림사에 '가지산파'를 열었지요.

보림사는 한국전쟁 때 외호문과 사천문을 빼고 20여 동의 건물이 모두 불타 버렸습니다. 그나마 아직까지 유물이 조금 남아 있어 다행이지요.

그럼 현재 보림사에 어떤 유물들이 있는지 살펴볼까요?

보림사의 일주문을 지나면 사천왕문이 나옵니다. 이 사천왕문 양쪽에 모신 보림사 목조사천왕상은 보물 1254호로 지정되어 있지요. 우리나라에 현존하는 목조사천왕상으로는 가장 오래되었고, 임진왜란 이전의 작품으로는 유일하지요. 각부의 조각이 매우 우수할 뿐만 아니라, 조선 시대 사천왕상의 기본이 되는 귀중한 유물입니다. 사천왕이란 인도의 재래신으로 수미산에 거주하면서 동서남북의 사천국을 다스리는 왕들을 말합니다. 이곳의 사천왕상은 여러 개의 나무를 잇대어 상을 만든 다음, 부분적으로 표면에 천을 붙이고 회를 칠한 뒤 채색했습니다. 특히 이 사천왕상에서는 1995년 보수, 복원 과정 중에 팔다리의 빈 공간에서 《월인석보》, 《금강반야바라밀경》 등의 국보급 희귀문서들이 대량으로 쏟아져 나와 모두 보물로 지정되었습니다.

대적광전 앞뜰에는 국보 44호로 지정된 두 기의 보림사 3층 석탑과 한 기의 보림사 석등이 있습니다. 남북으로 서 있는 두 탑은 구조와 크기가 같습니다. 2단의 기단 위에 3층의 몸돌과 지붕돌을 쌓고 머리 장식을 얹은 전형적인 통일신라 시대 석탑이지요. 기단은 위층이 큰데 비해 아래층은 작고, 위층 기단의 맨 윗

세계 3대 보림사 드디어 도착!

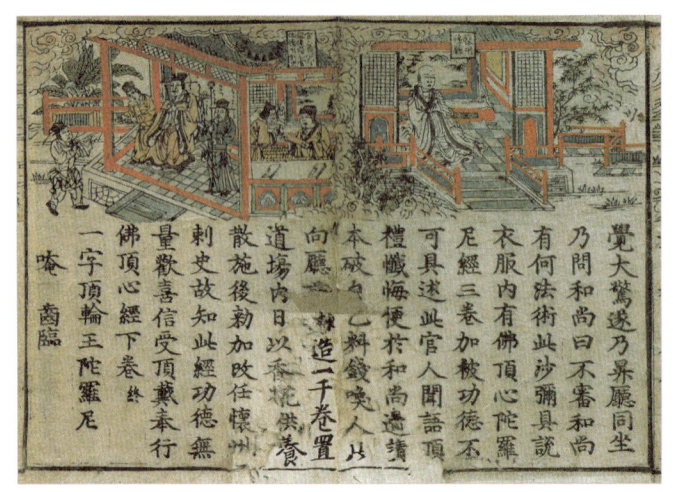

금강반야바라밀경 보림사 사천왕상의 보수 과정 중에 팔다리의 빈 공간에서 발견되었다.

받침돌은 매우 얇습니다. 탑 몸부는 몸돌과 지붕돌을 각각 하나의 돌로 만들어 쌓았지요. 지붕돌의 네 귀퉁이는 심하게 들려 있습니다. 이 두 탑은 완전한 상태로 꼭대기 부분이 순서대로 나란히 모두 갖춰 있어 신라 시대 말기 석탑연구에 귀중한 자료로 주목받고 있지요.

보림사 석등 역시 신라의 전형적인 석등 형태입니다. 네모난 바닥돌 위에 연꽃무늬를 새긴 팔각의 아래 받침돌을 얹었습니다. 그 위에 가늘고 긴 기둥을 세운 뒤 다시 윗받침돌을 얹어 불을 밝히는 화사석을 받쳤지요. 화사석은 팔각으로 네 면에만 창을 뚫어 놓았고, 그 위로 넓은 지붕돌을 얹었으며 각 모서리 끝부분에 꽃 장식을 했습니다.

대적광전 안에는 국보 117호로 지정된 보림사 철조비로자나불좌상이 모셔져 있습니다. 철로 만든 불상으로 광배와 대좌는 사라지고 불상의 몸체만 남아 있지요. 느슨한 신체의 윤곽선과 몸 전체를 두텁게 감싸고 있는 느슨하면서도 얇게 빚은 듯 보이는 옷 주름 등에서, 9세기 후반의 불상 양식이 잘 드러나 있습니다. 보림사 철조비로자나불좌상은 신라 시대 말기부터 고려 시대 초기에 걸쳐 유행한, 철로 만든 불상의 첫 번째 예로 가치가 높답니다.

보림사는 유서 깊은 사찰답게 여러 부도가 있습니다. 보림사

동쪽 숲 속에도 부도들이 있지요. 이 가운데 보물 155호로 지정된 보림사 동부도가 가장 뛰어납니다. 이 부도는 3단의 기단에 머리 장식을 얹었습니다. 기단에는 여덟 잎의 연꽃잎을 둘러 새기고 각 귀퉁이마다 꽃 장식과 기둥을 두었습니다. 부도는 한 면에만 자물쇠가 달린 문짝 모양을 새겼습니다. 꼭대기의 머리 장식은 세심한 정성을 쏟은 흔적이 보이지요.

보림사 보조 선사 창성탑은 보조 선사의 사리를 모신 탑으로 보물 157호입니다. 보조 선사는 보림사의 주지가 된 체징 스님이지요. 이 탑은 팔각원당형으로 통일신라 부도의 일반적인 형태를 하고 있습니다. 기단에는 구름무늬를 입체적으로 조각했고, 가운데 받침돌은 아래위로 띠를 둘러 약간 배가 부른 모습입니다. 여덟 개의 큰 연꽃 조각 위에 놓인 탑의 몸돌은 앞·뒷면에는 문짝 모양을, 그 양옆에는 사천왕상을 새겼습니다.

보물 158호로 지정된 보림사 보조 선사 창성탑비를 통해 880년(통일신라 헌강왕 6)에 보조 선사가 돌아가신 후, 그의 사리탑으로 건립한 사실을 알 수 있습니다. 보림사 보조 선사 창성탑비는 보조 선사 체징의 탑비로 거북 받침돌 위에 비 몸을 세우고 머릿돌을 얹은 일반적인 모습이지요. 거북 받침돌의 머리가 용머리라 이목구비가 뚜렷하고 사나워 보이며, 등 뒤에는 육각형의 무늬가 전체를 덮고 있습니다. 등 중앙에 마련한 비를 꽂아 두는 부분에는 구름과 연꽃을 새겨 장식해 놓았습니다. 비 몸돌에는 보조 선사에 대한 기록을, 머릿돌에는 구름과 웅대한 용의 모습을 조각했습니다.

톡톡! 이야기 주머니

보림사 이야기

신라에서 학문이나 덕망이 높기로 유명한 원표 스님이 인도 보림사, 중국 보림사를 거치며 참선을 하고 있던 때였습니다. 원표 스님은 한반도에 복된 기운이 어리는 것을 보고, 신라로 돌아왔습니다. 그리고 절을 지을 곳을 찾아 전국의 산세를 살피며 돌아다녔지요.

그러던 어느 날, 원표 스님이 장흥의 가지산에서 자리를 잡고 참선을 하는데, 한 선녀가 나타났습니다. 선녀는 자기가 사는 못에 용 아홉 마리가 있어서 매우 살기 힘들다고 호소했습니다. 그래서 원표 스님이 부적을 써서 못에 던지자 여덟 마리의 용이 못에서 나왔습니다. 그런데 백룡 한 마리만 끝까지 버티고 나오지 않았습니다. 원표 스님이 더 열심히 주문을 외우니 마침내 백룡도 더 견디지 못하고 못에서 나왔습니다. 이 백룡이 남쪽 하늘로 사라지면서 꼬리로 산기슭을 잘라놓았다고 합니다. 용꼬리에 맞아 팬 자리가 용소가 되었답니다. 그리고 원래 못 자리를 메워 절을 지었습니다.

지금도 보림사 주변에는 용과 관련된 지명이 많습니다. 청룡이 피를 흘리며 넘어간 피재, 용두산, 용문리, 청룡리, 용소 등이 있지요.

천관사

[초등 사회 4-2]

주소 전라남도 장흥군 관산읍 농안리 740
주요 문화재 3층 석탑, 5층 석탑, 석등 등

천관사는 빼어난 경관을 자랑하는 곳입니다. 봄이면 동백나무가 붉은 꽃을 피우고, 가을에는 참억새가 장관을 이루지요. 천관사는 신라 애장왕 때 영통 화상이 세웠습니다. 지금은 송광사의 관리를 받는 작은 절이지만 예전에는 화엄사라 불리며 89개의 암자를 거느리고 1000여 명의 승려가 모여 수도했을 만큼 규모가 큰 절이었습니다. 한때 잦은 왜구의 침략으로 문을 닫기도 했지만, 근래에 들어 서서히 옛 모습을 찾아가고 있답니다.

천관사 신라 시대 때 영통 화상이 세운 절로, 1000여 명의 승려가 수도했던 규모가 큰 절이다.

천관사 3층 석탑 화강암으로 만들어진 고려 시대의 석탑이다. 다른 탑에 비해 맨 꼭대기 장식인 둥근 복발이 큰 편이다.

천관사는 천관산 중턱에 자리하고 있지요. 천관산은 정상 부분에 바위산 수십 개가 하늘을 찌를 듯 솟은 모습이 꼭 천자의 면류관처럼 보이는 데서 그 이름이 유래했다고 합니다. 또 하나는 신라 김유신 장군을 사랑했던 천관녀가 숨어 살았다는 전설이 있어서 천관산이라 불렸다고도 하지요.

천관사에는 아름다운 석탑 한 기가 서 있습니다. 보물 795호로 지정된 천관사 3층 석탑이지요. 2단의 기단 위에 3층의 몸돌과 지붕돌을 올린 통일신라 시대의 전형적인 양식을 가진 고려 시대의 석탑입니다. 탑은 각 층의 몸돌과 지붕돌을 각각 하나의 돌로 쌓아 올렸습니다. 지붕돌은 얇은 밑면의 받침이 4단씩 있고, 네 귀퉁이 끝은 경쾌하게 치켜 올라 세련된 느낌을 줍니다. 탑의 꼭대기에는 네모난 지붕 모양의 장식인 노반과 둥근 복발이 하나의 돌에 새겨 올렸습니다. 전체적으로 비례감이 알맞아 안정감이 느껴지며 단아하지요. 천관사 3층 석탑은 통일신라에서 고려로 시대가 바뀌면서 석탑의 일부 양식이 변화하는 모습을 엿볼 수 있는 고려 시대 전기 작품입니다.

함평 고막천 석교

[초등 사회 4-2]
주소 전라남도 함평군 학교면 고막리 629

꽃과 나비로 유명한 함평에 또 하나 유명한 것이 있지요. 바로 보물 1372호로 지정된 함평 고막천 석교입니다. 이 고막천 석교는 고막천에 놓인 돌다리입니다. 함평 고막천 석교는 무안 승달산에 있는 고막 대사가 도술을 부려 고막 대사가 하룻밤 만에 뚝딱 지었다고 해서 '고막다리' 혹은 '똑다리', '떡다리'로 불립니다.

함평 고막천 석교는 1390~1495년에 조성된 것으로 보입니다. 현재 국내에 남아 있는 다리 가운데 원래 자리에서 원래 모습

함평 고막천 석교 함평군 학교면과 나주시 문평면 사이의 고막천에 놓인 돌다리다.

을 간직한 다리로는 가장 오래되었지요. 다리의 상판은 우물마루 형식인데, 마치 한옥의 마루처럼 짠 모습입니다. 이는 목조 건축과의 관련성을 잘 보여 준다고 할 수 있지요. 다리 기초는 갯벌에 생나무말뚝을 전 구간에 걸쳐 촘촘히 박고, 그 위에 돌을 정교하게 깔아 급류에도 떠내려가지 않도록 단단하게 만들었습니다. 보기에는 듬성듬성해 보여도 전체적으로 구조가 견고하고 정교하게 만들어졌지요. 이렇게 튼튼한 교량 기초 구조로 만들었기에 지금까지 오랜 세월 꿋꿋이 견뎌 온 것이랍니다.

1910년대까지만 해도 쌀 100섬을 실은 배가 영산강을 따라 함평 고막천 석교를 드나들었다고 해요. 그때만 해도 아주 정교하고 튼튼했는데, 일제강점기 때 보수공사를 한 다음부터 다리가 삐걱거려서 자주 보수 공사를 하게 되었지요. 지금은 동쪽으로 돌로 쌓은 석축 도로가 7~8미터가량 연결되었습니다. 그리고 물살을 가르기 위해 세운 최근의 콘크리트 다리가 다시 놓여졌습니다.

톡톡! 이야기 주머니

고막 대사 이야기

옛날에 아직 고막천에 돌다리가 없던 시절의 이야기랍니다. 홍수가 나면서 고막천에 놓여 있던 나무로 만든 다리가 쓸려갔습니다. 그래서 마을 사람들은 추운 날씨에도 아랫도리 옷을 벗어 들고 고막천을 건너야 했지요. 어느 추운 겨울날, 법천사의 스님인 고막 대사가 고막천을 건너게 되었습니다. 마침 옆에는 아이를 업은 여인이 한 손으로 치마를 걷어잡고 고막천을 건너고 있었지요. 그 모습이 위태로워 보여 고막 대사는 급한 마음에 아이를 대신 안아 걸망 위에 앉히고 물속으로 들어갔습니다. 살을 에는 추위가 온몸으로 번져왔습니다. 스님은 '관세음보살'을 수없이 외며 이곳에 튼튼한 돌다리가 생기기를 기원했답니다. 그러자 정말 신기하게도 고막천에 돌다리가 뚝딱 생겼다고 합니다. 고막 대사가 하룻밤 만에 신통력으로 돌다리를 세웠다는 이 이야기는 현재까지도 전해지고 있습니다.

대흥사

[초등 사회 6-1]

주소 전라남도 해남군 삼산면 구림리 799
홈페이지 http://www.daeheungsa.co.kr
주요 문화재 영산회괘불탱, 금동관음보살좌상, 마애여래좌상 등

    국토 최남단인 땅끝 마을에 있는 해남! 이곳에 우뚝 솟은 두륜산에 대흥사가 있습니다. 대흥사는 대둔사라고도 불리며 여러 창건 설화가 전해져 옵니다. 신라의 정관 스님이 426년에 세웠다는 설도 있고, 544년(신라 진흥왕 5)에 아도 화상이 세웠다는 설도 있지요.

    대흥사는 임진왜란 때 서산 대사가 일으킨 승려 군대의 총본부가 있던 곳으로 유명하지요. 또한 조선 시대 명필로 유명한 이

대흥사 해남 두륜산에 있는 절로, 임진왜란 때 서산 대사가 거느린 승려 군대의 총본부가 있던 곳으로 유명하다.

광사와 추사 김정희의 현판도 있습니다.

대흥사에서 피안교를 건너 일주문을 지나면 50여 기의 부도와 14기의 탑비를 모신 부도전이 나옵니다. 부도전은 스님들의 집단 묘소입니다. 이곳에는 임진왜란 이후 대흥사를 다시 일으켜 세운 서산 대사를 비롯한 조선 시대 중·후기에 대흥사에서 활약했던 스님들이 모셔져 있지요. 대흥사 서산 대사 부도는 보물 1347호로 지정되어 있답니다.

운학교를 지나 약간 올라가면 천왕문 역할을 하는 해탈문이 나옵니다. 그런데 특이하게도 사천왕상이 없습니다. 북으로는 영암 월출산, 남으로는 송지 달마산, 동으로는 장흥 천관산, 서로는 화산 선은산이 대흥사를 감싸며 사천왕의 역할을 대신하고 있기 때문이라고 합니다. 대흥사는 건물 배치가 아주 뛰어난 절로, 양쪽에서 흘러드는 계곡을 끌어안아 사찰 전체를 크게 남원과 북원으로 나누어 놓았습니다.

보물 1552호로 지정된 해남 대흥사 영산회괘불탱은 조선 시대 후기의 대표적인 그림을 그리는 스님 가운데 하나로 손꼽히는 색민의 대표작입니다. 이 괘불은 전체적으로 안정감 있는 구도와 다소 살쪄 보이는 인물 표현, 다양하면서도 화려한 문양이 특징이며, 18세기 호남 지역에서 성행한 화풍으로 평가받고 있답니다.

해남 대흥사 금동관음보살좌상은 보물 1547호로 신체 표현과 조각 기법이 우수한 보살상입니다. 한쪽 다리의 무릎을 세우고 편안하게 앉은 자세를 하고 있지요. 금동불로 만든 것 가운데 큰 편에 속합니다. 고려 시대 불상을 계승하는 금동불이지만, 길쭉하면서 부은 얼굴, 두드러진 가슴, 경직된 옷에서 조선 시대 전기의 특징이 나타나 있지요. 비교적 원형이 잘 보존된 편입니다.

응진전 앞에 있는 대흥사 응진전 전 3층 석탑은 보물 320호로 2단의 기단 위에 3층의 몸돌과 지붕돌을 세운 신라의 일반형 석탑입니다. 신라의 자장 대사가 중국에서 가져온 석가여래의 사리를 모신 사리탑이라고 전하지요. 몸돌에는 모서리기둥만 새겼고 그 위에 지붕돌을 얹었습니다. 지붕돌 귀퉁이 끝은 다른 탑보다 들림이 많이 올라간 편입니다. 탑의 꼭대기에는 머리 장식이 그대로 남아 있습니다.

대흥사 응진전 전 3층 석탑 신라 자장 대사가 중국에서 가져온 석가여래의 사리를 모신 사리탑이다.

북미륵암의 암벽에는 마애여래좌상이 조각되어 있습니다. 대흥사 북미륵암 마애여래좌상은 국보 308호로 지정된 고려 시대의 마애불좌상입니다. 고려 시대에 유행했던 거불이랍니다. 전체적인 수법이 아름다워 우수한 작품으로 평가받고 있지요. 단정하게 표현된 얼굴은 살이 찌고 둥글넓적하지만 눈초리가 올라가 근엄한 인상을 풍깁니다. 손가락과 발가락을 가냘픈 듯 섬세하고 가지런히 묘사해서 사실성이 엿보이지요. 대좌는 연꽃대좌로 두툼하게 표현해 부피감이 두드러집니다. 이 마애여래좌상은 우리나라 마애불상 가운데 뛰어난 평가를 받는 작품이랍니다.

톡톡! 이야기 주머니

천불전의 전설

대흥사 천불전에는 옥으로 만든 천불이 있지요. 처음 완호 스님과 몇몇 사람이 천불전을 짓고 난 뒤, 경주에서 생산되는 옥석으로 열 사람이 6년간에 걸쳐 이 옥불들을 조성했다고 합니다.

불상이 완성되자, 옥불들을 세 척의 배에 나누어 실었습니다. 그리고 경주에서 울산을 거쳐 부산 앞바다를 지나 대흥사로 향했지요. 그때 배 한 척이 울산진에서 풍랑을 만나 표류하다 일본의 장기현에 닿았습니다. 일본인들은 옥불들을 보고 기뻐하며 서둘러 절을 짓고 불상을 모시려고 했습니다. 하지만 일본인들의 꿈에 옥불들이 나타나 "우리는 지금 조선국 해남의 대흥사로 가고 있으니 이곳에 모시면 안 된다"고 했지요. 일본인들은 이 꿈을 꾸고 나서 옥불들을 거두어 다시 배에 싣고 해남 대흥사로 보냈습니다.

이처럼 일본을 거쳐 온 옥불들은 불상을 분칠할 때 밑바닥에 '日' 자가 있었다고 합니다. 원래 옥불들은 가사(승려가 왼쪽 어깨에서 오른쪽 겨드랑이 밑으로 걸쳐 입는 옷)를 입지 않았는데, 신도들의 꿈에 나타난 옥불들이 가사를 입혀 달라고 했답니다. 그래서 천불전의 천불들은 모두 가사를 입고 있다는 이야기가 있지요.

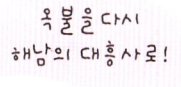

미황사

[중등 국사]
주소 전라남도 해남군 송지면 서정리 산 247
홈페이지 http://www.mihwangsa.com
주요 문화재 대웅전, 응진당, 괘불탱 등

달마산은 '남도의 금강산'이라 불릴 만큼 사계절 내내 경치가 수려한 산이랍니다. 아름다운 달마산에 천년 고찰 미황사가 있지요. 미황사는 돌로 이루어진 높은 축대 위에 세워진 절입니다. 우리나라 육지의 사찰 가운데 가장 남쪽에 자리한 미황사는 749년(통일신라 경덕왕 8)에 의조 화상이 세웠다고 전해집니다. 불교가 한창 흥할 때, 미황사는 불교의 요람이 되어 많은 스님이 있었고 근처에 12암자를 거느렸다고 합니다.

보물 947호로 지정된 미황사 대웅전은 미황사의 중심 건물입

미황사 우리나라 육지 가장 남쪽에 자리한 미황사는 근처에 12암자를 거느릴 만큼 번성했다고 한다.

니다. 대웅전은 석가모니 불상을 모신 곳으로, 앞면 세 칸, 옆면 세 칸 규모이며 팔작지붕에 다포양식 건물이지요. 아담하지만 무척 정교하고 아름답게 지은 건물로, 오랜 세월이 흐르며 빛바랜 단청에 나뭇결이 보드랍게 살아 소박한 아름다움과 따뜻함을 전해 준답니다.

미황사 응진당은 보물 1183호로 1751년(영조 27)에 지어졌습니다. 응진은 부처의 또 다른 이름이며, 아라한·나한은 수행을 거쳐 깨달은 성자를 말합니다. 응진당은 나한전이라고도 하며 보통 십육나한이나 오백나한을 모십니다. 미황사 응진당은 안쪽 벽면에 수묵으로 그려진 십육나한을 모시고 있지요.

미황사 괘불탱은 화면 가득히 중심 불상을 배치하고, 아랫부분에 용왕과 용녀의 모습을 그린 보물 1342호로 지정된 괘불입니다. 용왕과 용녀를 그린 이유는 목숨을 잃은 어부들의 영혼을 달래기 위한 수륙재 때 걸었던 괘불이기 때문입니다. 이 괘불은 기우제 기도에 영험하다고 알려져 있지요. 중심 불상의 얼굴은 눈, 코, 입, 귀가 작으며, 머리 부분에 상투 모양의 육계가 뚜렷하게 표현되어 있습니다. 미황사 괘불탱은 녹두색·분홍색·황토색을 사용해 은은하면서도 환상적인 세계를 보여 주는 아주 뛰어난 작품으로 평가받고 있습니다.

미황사에서 달마산 정상까지는 약 1시간 거리로 기암괴석이 들쭉날쭉 서 있어 마치 거대한 수석을 세워 놓은 듯 수려합니다. 또한 미황사에서 바라보는 바다의 아름다운 낙조, 달마산의 동백나무 군락지, 북가시나무 군락지, 어느 하나 아름답고 깨끗하지 않은 곳이 없습니다. 또한 미황사 뒷산에는 '토말土末'이라고 쓴 비석이 있습니다. 우리나라 육지의 끝을 표시한 비석이니 이곳에 들릴 때 함께 보면 좋겠지요?

톡톡! 이야기 주머니

아름다운 절, 미황사 이야기

우리나라에서 아름다운 사찰 가운데 하나로 손꼽히는 미황사는 창건설화가 아주 독특하지요.

어느 날, 금인이 인도에서 돌로 만든 배를 타고 우리나라로 들어왔습니다. 배 안에는 화엄경과 법화경, 비로나자불, 문수보살 등이 실려 있었지요. 금인은 금강산에 절을 지어, 배에 싣고 온 불상과 경전을 모시려고 했습니다. 하지만 이미 금강산에는 많은 절이 있어 되돌아가던 중 달마산에 이르렀지요.

소가 걸음을 멈추는 곳에 절을 지어라!

금인은 달마산을 둘러보고 이곳이 인연의 땅이라는 사실을 알았습니다. 그래서 의조 화상에게 "경전과 불상을 소 등에 싣고 가다가 소가 걸음을 멈추는 곳에 절을 짓고 모셔라" 하고 일렀지요. 의조 화상은 금인의 말대로 경전과 불상을 소 등에 싣고 가다가 소가 크게 울며 누웠다가 일어난 곳에 통교사를 세우고 마지막 멈춘 곳에 미황사를 지었습니다. 소의 울음소리가 지극히 아름다워 '미美' 자와 금인을 상징한 '황黃' 자를 붙여서 미황사라고 했다는 이야기입니다.

쌍봉사

[초등 사회과 탐구 4-2]

주소 전남 화순군 이양면 증리 195-1
홈페이지 http://www.ssangbongsa.com
주요 문화재 철감 선사탑, 철감 선사탑비, 대웅전 등

화순의 산골짜기에 있는 쌍봉사를 가려면 비포장도로를 한참 달려야 하는, 찾기가 쉽지 않은 곳에 위치해 있습니다. 그만큼 다른 절에 비해 때 묻지 않은 자연을 순수하게 느낄 수 있는 곳이지요. 쌍봉사는 산과 절의 경계가 명확하지 않아 무척 자유롭고 편안한 느낌을 줍니다. 신라 경문왕 때 철감 선사가 세웠으며, 불도에 든 뒤의 이름을 따 쌍봉사라고 했습니다.

사천왕문 역할을 하는 해탈문을 지나면 바로 쌍봉사 안으로 들어가게 되지요. 해탈문의 앞문에서 대웅전이 한눈에 보입니다. 쌍봉사 대웅전은 독특하게 3층 목탑처럼 생겼습니다. 지금은 대웅전을 법당으로 사용하지만, 한때는 목탑 역할을 했습니다. 쌍봉사 대웅전은 삼국 시대 목탑 양식을 가장 충실하게 반영한 건물로, 신라 황룡사 9층 목탑을 다시 지을 때 기준이 되기도 했지요. 하지만 안타깝게도 1984년에 신도의 잘못으로 불타 버려 지금은

쌍봉사 대웅전 삼국 시대 목탑 양식을 반영한 작품으로, 신라 황룡사 9층 목탑을 다시 지을 때 기준이 되었다.

새로 지은 건물로 남아 있습니다.

쌍봉사에는 신라의 부도 가운데 최대의 걸작으로 꼽히는 작품이 있습니다. 바로 국보 57호로 지정된 쌍봉사 철감 선사탑입니다. 우리나라 부도의 꽃이라 불릴 정도로 멋진 조각을 자랑하는 철감 선사의 부도탑이지요. 전체가 팔각으로 이루어진 일반적인 모습이며, 탑의 대부분이 잘 남아 있으나 아쉽게도 탑 꼭대기의 머리 장식이 없어진 상태입니다. 아래 받침돌과 윗받침돌은 특히 장식이 눈에 띄게 화려하지요. 구름 위에는 사자가 웅크리고 앉아 있으며, 그 위에는 하늘을 우러러 보는 연꽃과 사람의 머리를 한, 상상의 새인 가릉빈가로 이어지는 섬세한 조각이 몹시 아름답습니다. 부도의 몸돌에는 자물통과 사천왕, 비천이 각각 조각되어 있으며, 배흘림기둥입니다. 기둥을 포함한 각 부분을 목조 건축에서 볼 수 있는 수법으로 처리했지요. 철감 선사가 돌아가신 해인 868년(통일신라 경문왕 8) 즈음에 탑이 만들어졌으리라 짐작하고 있습니다. 조각을 하나하나 다듬은 석공의 정성이 고스란히 전해져 오는 작품이지요.

쌍봉사 철감 선사탑 옆에는 쌍봉사 철감 선사탑비가 있습니다. 보물 170호로 철감 선사의 탑비입니다. 비석 머릿돌에 '철감 선사 비명'이라는 문구가 있어서 곁에 있는 부도의 주인공이 철감 선사라는 사실을 알 수 있지요. 청년의 기세를 보이는 이 탑비는 비 몸돌이 없어지고 거북 받침돌과 머릿돌만 남아 있습니다. 네모난 바닥돌 위의 거북은 용의 머리를 하고 여의주를 문 채 엎드려 있는 모습입니다. 특히 오른쪽 앞발을 살짝 올리고 있는 모습이 눈에 띄지요. 머릿돌은 용 조각을 생략하고 구름무늬만으로 채웠습니다. 특히 앞으로 돌진하는 자세를 취한 거북 받침돌의 조각들은 그 수준이 매우 훌륭하다는 평가를 받고 있습니다.

톡톡! 이야기 주머니

쌍봉사 전설

철감 선사가 세운 쌍봉사에는 전설이 하나 전해 내려오지요. 철감 선사는 법호가 '쌍봉'이며 18세에 출가해 당나라에 가서 법을 받은 스님입니다. 중국에서 공부를 마치고 돌아와 세상에 법을 폈지요. 철감 선사가 중생을 깨치려는 마음으로 전국을 떠돌아다니다 우연히 어느 산에 이르렀습니다. 산세를 보니 용이 구름을 타고 하강하는 듯 강렬한 기운이 느껴졌지요. 그 기운을 따라가 이른 곳이 바로 지금의 쌍봉사 터였습니다.

당시 쌍봉사 터에는 어느 부자가 으리으리한 집을 짓고 살고 있었답니다. 철감 선사는 그 집에서 하루를 묵으며 산세를 더욱 유심히 살펴보았지요. 그랬더니 뒷산이 꼭 사자가 누워 있는 형상이요, 집터는 돛단배의 모양이라 분명 물이 귀하리라 생각했습니다. 철감 선사는 주인에게 여기는 절을 세워야 하는 곳이니, 다른 좋은 터를 알려주겠다고 했습니다.

부자는 철감 선사가 가르쳐 준 곳에 집을 짓고 원래 집터에는 절을 짓도록 도왔습니다. 철감 선사는 집터가 돛단배 모양이므로 돛대를 세워야겠다고 생각했습니다. 그래서 대웅전을 부득이 3층 목조 건물로 높이 세워 배에 돛대를 걸었지요. 그다음에 우물을 파다가 그만두었습니다. 가만 생각해 보니 배에 구멍을 뚫으면 배가 가라앉으므로 자칫 좋지 않은 일이 일어날 수 있기 때문이었지요. 철감 선사는 뒷산이 사자 형상이라는 사실을 생각해 내고 사자의 입을 찾아 땅을 파기 시작했습니다. 그러자 신기하게도 맑은 물이 솟아났습니다. 철감 선사는 이 물을 식수로 삼고 동서남북에 각각 암자를 지었습니다. 그게 바로 지금의 쌍봉사가 되었다는 이야기지요.

운주사

[초등 사회과 탐구 6-1]

주소 전라남도 화순군 도암면 대초리 22
홈페이지 http://www.unjusa.org
주요 문화재 9층 석탑, 석조불감, 원형다층 석탑, 와불 등

운주사는 천불천탑의 사찰이라고 합니다. 지금은 그만큼 많은 탑과 불상이 남아 있지 않지만, 기록을 보면 조선 인조 때까지만 해도 정말 천개의 탑과 천 개의 불상이 있었던 듯 보입니다. 현재도 운주사는 여느 절보다 탑과 불상이 많은 편이지요.

통일신라 시대 후기에 도선 국사는 우리나라 땅 모양을 한 척의 배로 보았습니다. 그리고 배 한복판에 해당하는 호남 땅이 영남 땅보다 산이 적어 배가 한쪽으로 기울까 걱정했다고 합니다.

운주사 다른 절보다 탑과 불상이 많아 천불천탑 사찰이라고 부른다. 통일신라 시대 후기에 도선 국사가 세운 절이다.

그래서 도선 국사가 운주사에 천 개의 불상과 천 개의 탑을 하루 낮, 하룻밤 사이에 도술로 만들어 균형을 잡았다는 전설이 내려옵니다.

운주사는 정확한 창건 연대와 창건 세력, 조성 배경이 밝혀져 있지 않습니다. 도선 국사의 창건설이 가장 널리 알려진 가운데 운주가 세웠다는 설, 마고할미가 세웠다는 설 등 여러 설도 있습니다.

운주사는 1592년(선조 25) 임진왜란 때 법당과 석불, 석탑이 많이 훼손되어 문을 닫았다가 1918년에 다시 고쳐 지었지요. 그래서 건물은 오래되지 않았지만 석탑과 불상은 여러 형태로 많이 있답니다. 특히 불상은 모습이 근엄하지 않고, 마치 우리 이웃들의 얼굴을 표현한 듯 소박하고 친근하지요. 민간에서는 할아버지부처, 할머니부처, 남편부처, 아내부처, 아들부처, 딸부처, 아기부처라고 불렀습니다.

석탑 역시 전형적인 석탑과는 많이 다르답니다. 우선 기단석이 없거나 자연석을 이용해서 설치했고, 안정감이나 균형감과는 무관한 듯 보이지요. 탑에 새긴 문양도 여느 탑과 다르며, 흔히 볼 수 없는 원형탑이 여러 형태로 있어 신비로운 느낌을 줍니다.

절 왼편 산 정상에는 불상 두 기가 누워 있는 모습으로 조성되어 있습니다. 도선 국사가 천불천탑을 세울 때 가장 마지막으로 만든 두 부처라고 합니다. 누워 있는 모습으로 조각된 부처라 와불이라 부르지요. 원래 도선 국사는 이 와불들을 일으켜 세워서 완성하려고 했으나, 새벽닭이 우는 바람에 일으키지 못하고 미완

운주사 9층 석탑 운주사로 들어가는 첫 입구에 세워진 탑이다. 지붕돌 밑면에 받침을 생략한 모습이나 각 면에 새긴 장식이 보기 드문 예이다.

화순 운주사지 일원 도선 국사가 하룻밤 사이에 천불천탑을 만들었다는 전설이 있다.

와불 도선 국사가 천불천탑을 세울 때 마지막으로 만든 누워 있는 부처다.

으로 두었다고 합니다. 이 와불들은 우리나라에서 가장 큰 석불로 자연석 위에 조각되었습니다. 전해지는 이야기에는 이 와불들이 자리에서 일어나면 새로운 세상이 열린다고 합니다.

운주사 입구에는 보물 796호로 지정된 운주사 9층 석탑이 서 있습니다. 커다란 자연석 바윗돌로 바닥돌과 아래층 기단을 삼고 그 위에 위층 기단을 쌓은 뒤 9층에 이르는 탑을 세웠습니다. 운주사에 있는 탑은 대부분 고려 시대의 양식을 따르고 있는데, 이 탑도 마찬가지입니다. 탑의 각 몸돌에는 면마다 이중 마름모꼴을 새기고 그 안에 꽃무늬를 둔 점과, 탑신에 기하학적 무늬가 있는 점은 운주사의 탑에서만 볼 수 있는 특징입니다. 각 지붕돌은 밑면이 약간 치켜 올려져 있고, 여러 겹의 빗살무늬가 조각되어 있지요. 또한 지붕돌 밑면에 받침을 생략한 모습은 보기 드문 예입니다.

운주사 입구에 있는 보물 797호로 지정된 운주사 석조불감도 뛰어난 문화재입니다. 불감이란 불상을 모시기 위해 만든 집이나 방을 말하지요. 일반적인 건축물보다 규모가 작습니다. 운주사의 석조불감은 건물 밖에 만든 대표적인 감실로, 직사각형 모양으로 양쪽 벽을 판돌로 막아 두고 앞뒤를 통하게 했습니다. 고려 시대 목조 건축의 모양을 본 뜬 팔작지붕의 형태이며, 감실 안에는 석가여래불과 비로자나불이 서로 등을 맞대고 남과 북을 보고

운주사 석조불감 불감이란 불상을 모시기 위한 집이나 방으로 그 규모가 작지만, 이 불감은 거대한 크기와 두 불상이 등을 맞댄 형식이 특이하다.

있지요. 불상을 새긴 수법은 그리 정교하지 않지만, 단순화하고 도식화해 고려 시대에 들어 나타난 지방적인 특색이 잘 드러나 있습니다.

운주사 석조불감 앞에는 운주사 원형다층 석탑이 서 있습니다. 보물 798호로 지정된 이 석탑은 원형의 탑으로 탑의 구성이나 전체적인 형태에서 일반적인 석탑의 형태를 따르지 않고 있지요. 물론 고려 시대에는 사각형뿐만 아니라, 육각이나 팔각의 석탑이 조성되기도 했습니다. 그러나 이 원형석탑은 전혀 새로운 방식입니다. 기단은 2단의 둥근 바닥돌에 높직한 10각의 돌을 짜 올리고 그 위로 16장의 연꽃잎을 장식한 돌을 올려 마무리했지요. 탑은 몸돌과 지붕돌이 모두 원형이며, 층마다 몸돌 옆면에 두 줄의 선이 돌려져 있지요. 현재 남아 있는 것은 6층뿐이지만 원래는 더 있었던 것으로 보입니다.

운주사 원형다층 석탑 일반적인 석탑의 형태를 따르지 않고 특이하게 원형으로 구성되었다. 현재 남아 있는 것은 6층뿐이지만 원래는 더 있었던 것으로 보인다.

모두다 둥글둥글~
마음도 따라 둥글!

발산리 5층 석탑

고창 지석묘군

전라북도

찬란한 백제문화와 불교문화의 한 축을 담당했던 전라북도!
김제 만경의 너른 평야는 농업을 바탕으로 한 경제력이나 대외교역 면에서,
삼국 가운데 백제가 맨 앞장을 설 수 있게 큰 역할을 했지요.
전라북도에는 조선왕조의 본고장인 전주를 중심으로
문화유산의 보물들이 가득가득 하답니다.

풍남문

[초등 사회 4-2]
주소 전라북도 전주시 완산구 전동 2가 83-4

각 지역마다 그 지역을 상징하는 문화재가 있습니다. 전주의 상징은 보물 308호로 지정한 풍남문이라 해도 과언이 아니지요. 풍남문은 전주를 둘러싼 전주부성의 4대문 가운데 남문입니다. 건축 당시 남문은 3층의 문루를 세워서 '명견루' 라 불렸습니다. 정유재란과 영조 때 불탄 전주부성을 다시 세우면서 남문을 풍남문이라 고쳐 불렀지요. 풍남은 '풍패(중국 한나라 고조가 태어난 곳)의 남쪽' 이란 뜻으로 조선왕조의 전주를 풍패와 비유해 나타

풍남문 읍성은 지방의 중심지가 되는 고을을 둘러 쌓았던 성을 말하는데, 풍남문은 전주읍성의 남쪽 문이었다.

낸 말이지요.

1905년에는 조선통감부가 성을 폐쇄시키라는 명령을 내려 전주부성 4대문 가운데 풍남문을 제외한 3대문이 동시에 철거되었습니다. 성곽과 성문이 철거되면서 풍남문도 많은 손상을 입었지요. 지금 남아 있는 문은 1978년부터 시작한 3년간의 보수공사로 옛 모습을 되찾은 것입니다.

1900년대의 풍남문 모습

풍남문은 1층이 앞면 세 칸과 옆면 세 칸, 2층이 앞면 세 칸, 옆면 한 칸이며, 팔작지붕에 지붕 처마를 받치기 위해 만든 공포가 기둥 위에만 있는 주심포양식의 건축물이지요.

풍남문은 동학농민군이 전주에 집강소를 설치한 곳이기도 합니다. 또한 1801년 신유박해 때 순교자의 목을 누각에 걸어 천주교에 대한 경각심을 불러일으키게 한 곳이기도 하지요. 그래서 근처에 있는 전동성당을 지을 때 풍남문 성벽의 돌을 주춧돌로 삼았다는 말도 전해집니다.

성문 너머로는 천연 해자(성 주위에 둘러 판 못) 역할을 했던 것으로 보이는 하천이 흐릅니다. 전주 한옥마을, 전주 객사, 경기전이 가까이에 있어 함께 둘러보면 좋겠지요.

전주 객사

[초등 사회과 탐구 6-1]
주소 전라북도 전주시 완산구 중앙동 3가 1

전주는 조선왕조와 관련이 깊은 도시랍니다. 조선을 세운 태조 이성계의 본관이 바로 전주이기 때문이지요. 그런 의미에서 보물 583호로 지정된 전주 객사는 중요한 의미를 갖습니다. 전주 객사는 우리나라에서 가장 오래된 객사이며 전주부성 안에서 으뜸인 감영이었지요. 객사는 고려와 조선 시대에 각 고을에 설치했던 곳으로 '관사' 또는 '객관'이라고 합니다. 고려 시대 전기부터 있었으며 외국 사신이 방문했을 때 객사에 묵게 하며 연회를 베풀었습니다.

전주 객사 객사는 조선·고려 시대에 각 고을에 설치했던 것으로, 외국 사신이 방문하면 객사에서 묵으면서 연회를 베풀었다.

전주 객사는 조선 시대 초기에 전주부성을 고쳐 쌓으면서 함께 세운 것으로 알려져 있습니다. 지방의 관아 가운데 객사는 가장 중요한 시설이었으며, 그 위치도 부성 또는 읍성의 중심에 있었지요. 전주 객사는 중앙에 주관이 있고 좌우에 동·서 익헌, 맹청, 무신사 등의 많은 건물이 있었으나 현재는 주관과 서익헌, 수직사만 남아 있습니다.

객사 건물은 건물 세 동이 길게 옆으로 배치된 모습으로 가운데 본전을 두고 좌우에 익사를 두었습니다. 본전은 전패(왕의 초상을 대신해 모시던 나무로 만든 패)를 모시는 객사의 중심 공간이며 익사는 중앙에서 내려온 관원이나 외국 사신들의 숙소로 이용하는 곳이지요. 앞면에서 보면 본전은 지붕을 맞배지붕으로 높게 구성했고, 익사는 본전보다 지붕을 낮게 구성해서 본전의 지붕이 높아 보이게 했답니다. 또한 동·서 익사 지붕의 양쪽 끝은 팔작지붕으로 처리해서 완결성을 높였습니다.

경기전

[초등 사회과 탐구 6-1]
주소 전라북도 전주시 완산구 풍남동 3가 102

풍남문에서 동쪽으로 가면 울창한 숲이 나옵니다. 이 숲 속에 옛 빛을 간직한 경기전이 있지요. 경기전은 조선 왕조를 세운 조선 태조의 영정을 모시기 위해 1410년(태종 10)에 세운 곳으로 조선의 성지라고 할 수 있습니다. 왕조의 발상지라 여기는 전주에 세웠는데 안타깝게도 정유재란 때 불타 버려 1614년(광해군 6)에 다시 지었습니다.

경기전에는 눈에 띄는 두 가지가 있답니다. 하나는 경기전 앞문 밖 도로가에 있는 '하마비下馬碑'이고, 또 하나는 진전의 거북 이야기입니다. 하마비에는 '지차개하마 잡인무득입'이라고 쓰여 있습니다. "이곳에 이르는 자는 계급의 높고 낮음이나 신분의 귀천을 떠나 모두 말에서 내리고 잡인들은 출입을 금한다"는 뜻이지요. 조선왕조의 상징인 태조 어진을 모신 곳이라 그런 듯합니다.

거북 이야기는 진전에 거북 두 마리가 붙어 있는데, 경기전을 완성한 목공이 경기전이 영원하기를 기원하며 지붕에 암수 두 마리의 거북을 올려놓았다고 합니다. 거북이는 물에서 살고, 진전은 목조 건축인 점에서 아마도 화재막이용 거북이라고 짐작하지요.

경기전의 영역은 보물 1578로 지정된 경기전 정전과 조경묘로 나누어집니다. 이 정전은 태조 이성계의 어진을 모신 곳이지요. 경기전 정전 북쪽에 있는 조경묘는 태조의 22대조이며 전주 이씨의 시조인 신라 사공공 이한 부부의 위패를 모시기 위해 지은 곳이랍니다.

경기전 정전은 앞면 세 칸, 옆면 세 칸 규모의 다포양식의 맞배지붕입니다. 경기전 정전에 있는 조선 태조 어진은 조선을 건국한 태조 이성계의 초상화로 보물 931호이지요. 태조의 초상화는 한 나라의 시조로서 여러 곳에 특별하게 보관되어 총 26점이 있었습니다. 그러나 현재는 경기전에 있는 태조 초상화 한 점만이 남아 있습니다.

    조선 태조 어진은 이성계가 왕이 쓰는 모자인 익선관과 곤룡포를 입고, 앞면을 바라보며 의자에 앉아 있는 전신상으로 명나라의 태조 초상화와 유사하답니다. 1872년(고종 9)에 낡은 원본을 그대로 옮겨 새로 그린 것인데, 전체적으로 원본에 충실하게 그려 초상화 가운데 가장 표현하기 어려운 앞면상임에도 불구하고 훌륭하게 소화해 낸 작품으로 평가받고 있지요.

태조 어진이 모셔진 곳이라니 공손하게 걸어가야지.

발산리 5층 석탑·옥구 발산리 석등

군산시

[초등 사회 4-2]
주소 전라북도 군산시 개정면 발산리 45-1

군산에 있는 발산초등학교에는 많은 석조 문화재가 있지요. 그 가운데는 보물로 지정한 문화재도 많습니다. 이 문화재들은 원래 이곳이 아니라 각각 다른 곳에 있었습니다. 그런데 어떻게 서로 다른 곳에 있던 문화재들이 한군데 모여 있을까요?

일제강점기에 군산 지역은 김제 평야에서 생산한 쌀들을 일본으로 보내는 곳이었습니다. 발산초등학교 인근에 당시 일본으로 갈 쌀을 모아 놓은 창고가 있었지요. 돈 많은 일본의 지주들이 소중한 우리 문화재들을 쌀 수송선에 실어 일본으로 가져가려고 여기에 모아 두었는데, 일제가 패망하는 바람에 미처 가져가지 못한 것들이지요. 하마터면 소중한 우리 문화재를 도둑맞을 뻔했습니다.

보물 276호로 지정된 발산리 5층 석탑은 원래 완주 봉림사지에 있었습니다. 2단의 기단 위에 5층의 몸돌과 지붕돌을 올린 형태였으나, 지금은 탑의 1층이 없어지고 4층까지만

발산리 5층 석탑

군산시 | 발산리 5층 석탑·옥구 발산리 석등   135

남아 있지요. 아래·위 기단 모두 모서리기둥인 우주와 버팀목기둥인 탱주를 새겼고, 4층에는 우주만 새겼을 뿐 다른 장식은 없습니다. 지붕돌은 경사가 급하고, 네 귀퉁이 끝이 약간 들려 곡선을 이루고 있으며, 밑에는 3단의 받침을 두었지요. 전체적으로 균형미가 있으며 고려 탑의 간결한 아름다움이 잘 나타나 있답니다.

옥구 발산리 석등도 완주의 봉림사지에서 옮겨 왔습니다. 통일신라 시대의 모습을 간직한 고려 시대 전기의 석등으로 보물 234호이지요. 불을 켜두는 화사석을 중심으로, 아래로는 3단의

옥구 발산리 석등 완주의 봉림사지에서 옮겨온 석등으로, 받침의 가운데 기둥에 용을 새긴 기법은 이 석등이 유일하다.

받침돌을 두고, 위로는 지붕돌과 머리 장식을 얹었습니다. 특히 받침의 가운데 기둥은 사각의 네 모서리를 둥글게 깎았고, 표면에 구름 속을 요동치는 용의 모습을 새겼습니다. 기둥에 용을 새긴 기법은 우리나라에서 이 석등이 유일하지요. 화사석은 사각의 네 모서리를 둥글게 깎아 팔각을 이루게 했으며, 각 면에는 네 개의 창과 사천왕상을 번갈아 새겼습니다. 지붕돌의 여덟 귀퉁이가 치켜 올려져 시원하게 보입니다. 화사석이 팔각에서 사각으로 변해 가는 과도기적인 모습으로 고려 시대 전기인 10세기경에 만들어진 작품으로 추정하고 있습니다.

금산사

[초등 사회과 탐구 6-1]

주소 전라북도 김제시 금산면 금산리 39
홈페이지 http://www.geumsansa.org
주요 문화재 미륵전, 5층 석탑, 방등계단 등

김제에는 만경평야의 너른 들을 품은 모악산이 있습니다. 이 모악산은 어머니가 아기를 안고 있는 듯 보이는 바위가 있어 '모악'이라 불립니다. 모악산에는 금산사라는 미륵불을 모시는 세계 최초의 사찰이자, 세계 최대 규모의 사찰이 있답니다. 풍수지리설을 따르면 이곳은 명당이자 좋은 피난처가 된다고 하지요. 지금도 큰 규모를 자랑하지만 예전에는 더 거대한 사찰로 많은 전각이 있었다고 합니다.

금산사 미륵전 건물 안쪽은 3층 전체가 하나로 터진 통층이며, 우리나라에서는 하나밖에 없는 3층 목조 건물이다.

금산사는 599년(백제 법왕 원년)에 세웠다고 하나 확실하지는 않습니다. 766년(통일신라 혜공왕 2)에 진표 율사가 고쳐 지었다고 하는데 이때를 절을 세운 시기로 보기도 합니다.

금산사는 후삼국 시대에 견훤을 가두어 둔 곳이기도 합니다. 견훤이 넷째 아들 금강에게 왕위를 물려 주려 하자, 장남인 신검이 935년에 금강을 죽이고 부왕을 금산사에 가둔 뒤에 스스로 왕위에 올랐지요.

금산사는 큰 사찰답게 많은 문화재를 간직하고 있습니다. 국보 62호로 지정된 금산사 미륵전은 미륵신앙의 근본도량 건물이지요. 금산사의 중심 법당으로 웅장한 규모를 자랑하는 3층 전각입니다. 진표 율사가 세운 미륵전은 정유재란 때 불타 없어져, 1635년(인조 13)에 다시 짓고 여러 차례 수리를 거쳐 오늘에 이르고 있습니다. 거대한 미륵존불을 모시고 있으며 용화전·산호전·장륙전이라고도 하지요. 건물 안쪽은 3층 전체가 하나로 터진 통층이며, 특이하게도 제일 높은 기둥은 하나의 통나무가 아닌 몇 개의 통나무를 이어서 사용했습니다. 전체적으로 규모가 웅대하고 안정된 느낌을 주는, 우리나라에서는 하나밖에 없는 3층 목조 건물입니다.

미륵전의 북쪽 높은 대지를 송대라고 부릅니다. 송대에는 보물 25호로 지정된 금산사 5층 석탑이 서 있지요. 2단의 기단 위에 5층의 몸돌과 지붕돌을 올린 형태입니다. 기록에는 9층이라고 하는데, 지금은 남아 있는 지붕돌의 형태나 작아지는 비율로 보아 6층 이상이 손실된 듯합니다.

송대에는 또 하나의 보물이 있지요. 바로 보물 26호인 금산사 방등계단입니다. 금산사 방등계단은 오르내리는 계단이 아니라, 스님들에게 계를 주는 법회를 거행할 때 모이는 의식법회의 장소랍니다. 계단은 상·하 이중으로 되어 있으며 불상과 신장상이 새겨져 있지요. 인물상으로 보이는 석물들이 난간 역할을 하듯 빙 둘러 있습니다.

보물 27호로 지정된 금산사 육각다층 석탑은 대적광전 오른쪽 앞마당에는 서 있지요. 이 탑은 독특하게도 흑색의 점판암으로 만들어졌습니다. 비록 완전한 모습은 아니지만 정교하면서도 우아한 공예미가 보이는 석탑으로, 신라 시대의 일반적 석탑에서 고려 시대의 화려하고 장식적 공예탑으로 넘어가는 시기의 작품이지요. 탑을 받치는 기단에는 연꽃 조각을 아래위로 장식했고, 탑 몸부에는 각 층마다 몸돌이 있었으나 지금은 가장 위의 두 층에만 남아 있습니다.

대적광전에서 동남쪽으로 10여 미터 떨어진 곳에는 금산사 석련대가 있습니다. 보물 23호로 지정된 불상의 대좌이지요. 정확한 이름은 '석조연화대'로 꽤 거대한 규모랍니다. 대형 연

금산사 5층 석탑

금산사 육각다층 석탑

금산사 석등 팔각 석등으로, 꼭대기의 머리 장식까지 모두 온전히 남아 있다.

꽃대좌로 화강석의 각 면에 연꽃을 새겼지요. 한 돌로 조각한 것이지만 여러 개의 돌을 사용한 것처럼 상·중·하의 구성이 정연합니다. 연꽃잎으로 표현한 대좌는 매우 화려한 편으로, 통일신라 시대의 양식을 따르고 있지만, 장식으로 보아 통일신라에서 고려로 넘어가는 시기에 만든 것으로 보입니다.

보물 827호로 지정된 금산사 대장전은 앞면과 옆면 각 세 칸씩인 팔작지붕에 다포양식 건물이지요. 진표 율사가 절을 고쳐 지으면서 세웠으며 원래 목탑의 형식으로 조성했다고 합니다.

금산사 석등은 보물 828호로 금산사 대장전 앞에 세워진 고려 시대의 팔각석등입니다. 바닥돌에서 구슬 모양의 보주까지 거의 완전한 모습으로 남아 있지요. 아래 받침돌은 둥근 평면 위에 여덟 장의 연꽃잎을 새겼고, 그 위에 세워진 가운데 기둥은 위는 좁고 아래가 넓은 모양입니다. 윗받침돌은 아래 받침돌보다 크고 무거운데, 역시 둥근 평면 위에 여덟 장의 연꽃잎을 조각했습니다. 화사석은 네 면에 창을 만들어 불빛이 퍼져 나오도록 했는데, 창 주위에는 구멍이 세 개씩 뚫려 있어 창문을 달았던 것으로 보입니다. 지붕돌은 여덟 곳의 귀퉁이마다 작은 꽃 조각으로 꾸며 놓았지요.

이외에도 금산사에는 금산사 당간 지주, 금산사 혜덕 왕사 진응탑비 등 많은 보물을 간직하고 있답니다.

실상사

[중등 국사]

주소 전라북도 남원시 산내면 입석리 50
홈페이지 http://www.silsangsa.or.kr
주요 문화재 3층 석탑, 석등, 철제여래좌상, 목조탱화 등

　지리산 자락이 감싸 안은 들판 한가운데 천년 고찰 실상사가 있지요. 깊은 계곡에서 흘러나오는 만수천을 끼고 동쪽은 천왕봉, 남쪽은 반야봉, 서쪽은 심원 달궁, 북쪽은 수청산 등이 병풍처럼 둘러싸고 있는 아름다운 절입니다.

　실상사는 여느 절들과 달리 사람들의 발길이 잦은 마을 입구에 있습니다. 828년(통일신라 흥덕왕 3)에 증각 대사 홍척이 당나라에 유학을 다녀온 다음, 2년 동안 전국의 산을 다니다 지금

실상사 통일신라 시대에 증각 대사 홍척이 세운 실상사는 나라를 보호하고 지키는 호국사찰로 알려져 있다.

실상사 백장암 3층 석탑·실상사 백장암 석등 화려한 장식과 형식에 얽매이지 않은 자유로운 구조가 돋보이는 석탑과, 지붕돌을 간결하게 표현하고 큼직한 보주를 얹은 석등은 나란히 함께 서 있다.

의 자리에 이르러 실상사를 세웠다고 합니다. 하지만 조선 시대 때 불타 버려 세 차례에 걸쳐 고쳐 지으면서 오늘에 이르렀습니다.

실상사는 천년 세월 동안 호국사찰로 알려져 왔습니다. 그래서인지 유독 일본과 얽힌 설화가 많지요. 풍수지리에 따라 우리나라의 정기가 일본에 가지 못하도록 세워진 절이라 "일본이 흥하면 실상사가 망하고 일본이 망하면 실상사가 흥한다"는 얘기가 전해 내려올 정도랍니다. 실상사 경내의 보관전 안에 있는 범종에는 이 얘기를 증명이라도 하듯 일본 열도의 지도가 그려져 있고, 스님들이 예불할 때마다 종에 그려진 일본 열도의 지도를 두들겨 친다고 합니다. 오랫동안 두드려온 탓에 범종에 그려진 일본 지도가 지금은 많이 희미해졌지요.

호국사찰 실상사는 단일사찰로 가장 많은 유물을 보유하고 있습니다. 실상사의 암자 아래에는 국보 10호로 지정된 실상사 백장암 3층 석탑이 있습니다. 낮은 기단 위에 3층의 몸돌과 지붕돌을 올린 전형적인 통일신라 석탑이지만, 기단과 탑 몸 괴임에는 난간 모양을 새겨 멋을 냈고, 1층에는 보살상과 신장상, 2층에는 음악을 연주하는 천인상, 3층에는 천인좌상을 새겼습니다. 지붕돌 밑면에는 연꽃무늬를 새겼지만 3층은 삼존상을 새겼습니다. 신라 시대 후기를 대표하는 아름다운 탑이지요.

보물 40호로 지정된 실상사 백장암 석등은 백장암 3층 석탑과 함께 있습니다. 전체적으로 팔각의 평면으로 통일신라 시대 석등의 기본 형태를 잘 간직하고 있지요. 아래 받침돌에는 한 겹으로 된 여덟 장의 연꽃잎을 대칭적으로 새겼습니다. 화사석 역시 팔각형으로 사면에 창을 뚫어 불빛이 퍼져 나오도록 했습니다. 지붕돌은 간결하게 처리했고, 그 위의 머리 장식으로는 구슬 모양의 보주가 큼지막하게 올려져 있지요.

보물 37호로 지정된 실상사 3층 석탑도 보광전 앞뜰에 세워져 있습니다. 실상사 3층 석탑은 동·서로 세워져 있는 두 탑으로 2단의 기단 위에 3층의 몸돌과 지붕돌을 올린 모습이지요. 동·서의 두 탑이 거의 완전하게 보존되어 있는 아주 희귀한 예입니다. 몸돌과 지붕돌이 각각 하나의 돌로 이루어져 통일신라 시대의 전형적인 양식을 따르고 있습니다. 지붕돌은 처마 밑이 수평이며, 밑면의 받침은 4단입니다. 네 귀퉁이에서 살짝 들려 있는데, 그 정도가 부드러우면서도 경쾌하지요. 특히 탑의 머리 장식은 잘 보존된 편이며, 각 장식 부재들이 차례대로 올려져 있답니다. 두 탑은 규모나 양식이 같아서 동시에 조성된 것으로 보입니다. 구성이 잘 정돈되어 있는 통일신라 시대 후기의 뛰어난 작품입니다.

보물 38호로 지정된 실상사 증각 대사 응료탑은 홍척 국사의 사리를 모신 탑이지요. 홍척 국사는 통일신라 시대 후기의 승려로 실상사를 세웠으며 시호는 '증각'입니다. 팔각원당형의 부도

실상사 3층 석탑 보광전 앞뜰에 동·서로 세워져 있는 두 탑이다. 돌의 구성이 잘 정돈된 통일신라 시대 후기의 뛰어난 작품이다.

탑이며 탑의 각 면에 신장상이 조각되어 있답니다.

실상사 철제여래좌상은 보물 41호로 실상사를 세웠을 때부터 지금까지 보존되어 오는 통일신라 시대 후기의 대표적인 철불입니다. 당시에는 지방의 선종사원을 중심으로 철로 만든 불상이 활발하게 만들어졌습니다. 그 최초의 예가 바로 실상사 철제여래좌상입니다.

실상사 약수암 목조탱화는 나무에 불상을 조각해서 만든 탱화입니다. 보물 421호로 지정되었지요. 대부분 불화는 보통 천이나 종이에 그립니다. 그에 반해 실상사 약수암 목조탱화는 특이하게도 나무에 조각해 눈길을 끕니다. 비교적 간략한 배치 구도로 화면은 크게 상하로 나누어 아래에는 아미타불을 중심으로, 오른쪽으로는 보현보살과 세지보살을, 왼쪽으로는 문수보살과 관음보살을 두었습니다. 불상들은 모두 사각형의 넓적한 얼굴에 근엄하면서도 친근감이 넘칩니다.

보물 420호 지정된 실상사 백장암 청동은입사향로는 은실로 만든 향로입니다. 향로란 향을 피울 때 쓰는 기구로, 절에서는 마음의 때를 씻는 의미로 향을 피우지요. 이 향로는 몸체와 받침대를 따로 만들어 연결했고, 은실을 이용한 장식(은입사)이 돋보입니다. 전체적으로 은실로 원을 새겼고, 원 안에 범자를, 범자 사이에 덩굴무늬를 가득 새겼습니다.

마음의 때를 씻는다고? 헤~ 몸의 때부터~.

광한루

[초등 사회 3-2, 초등 사회과 탐구 6-1]
주소 전라북도 남원시 천거동 77-1

　남원을 대표하는 명물, 광한루! 광한루는 특히 성춘향과 이몽룡의 사랑이 담겨 있는 곳으로 유명하지요. 보물 281호로 지정된 광한루는 조선 시대에 황희가 남원에 유배되었을 때 지어졌습니다. 처음에는 광통루라고 불렸는데 1434년(세종 16)에 남원부사 민여공이 고쳐 세운 다음 정인지가 '월궁의 광한청허부와 흡사하다'고 광한루라 불렀습니다. 월궁은 달 속의 선녀가 사는 곳이며, 그곳에 광한청허루가 있다고 합니다.

광한루 황희 정승이 남원에 유배되었을 때 지어졌다. 사방을 트고 마루를 높여 자연과 어우러져 쉴 수 있도록 지은 건물이다.

광한루의 구조 앞면 다섯 칸 옆면 네 칸으로 팔작지붕 건물이다. 다락처럼 높게 만든 마루 주변에는 난간을 두르고 사면에 문을 만들었다.

광한루는 정유재란 때 불타 버려 1638년(인조 16)에 다시 지었으며, 정조 때 부속건물을 세웠습니다. 규모는 앞면 다섯 칸, 옆면 네 칸이며 팔작지붕 건물입니다. 다락처럼 높게 만든 마루 주변에는 난간을 둘렀고, 기둥 사이에는 사면 모두 문을 달아 놓았지요. 더운 여름에는 사방이 트이게 문을 안쪽으로 걸 수 있게 했습니다.

광한루 아래로는 남원의 요천수를 끌어들여 만든 연못이 있지요. 1462년(세조 8)에 남원 부사 장의국이 광한루를 수리하면서 광한루원에 다리를 놓았는데, 이 다리가 그 유명한 견우와 직녀의 전설이 담긴 오작교입니다. 광한루 주변에 조성된 광한루원은 명승 33호로 지정된 오작교를 비롯해, 춘향사당, 춘향관, 월매집, 완월정 등의 여러 정자와 누각이 옛 모습 그대로 고풍스러운 정취를 자아냅니다. 이곳은 춘향전의 무대로도 널리 알려졌으며, 넓은 인공 정원이 주변 경치를 한층 돋우고 있어 우리나라 누각의 대표가 되는 문화재 가운데 하나로 손꼽힙니다.

만인의총

[초등 사회 6-1]

주소 전라북도 남원시 향교동 628
홈페이지 http://www.manin.go.kr

남원에는 삼국 시대 때부터 교룡산성이 있었습니다. 임진왜란 때 승병장 처영이 왜군을 대비하기 위해 교룡산성을 다시 쌓고, 잘 다듬은 돌로 견고한 성벽을 만들어 더욱 튼튼한 성이 되었습니다.

임진왜란에서 패한 왜군은 전쟁에서 진 이유를 전라도 지방을 차지하지 못했기 때문이라고 생각했습니다. 그래서 정유재란 때는 전라도 지역부터 점령하고 북상할 계획을 세웠지요. 그래서

만인의총 정유재란이 끝난 후, 전사한 1만여 관리와 군사, 백성들을 함께 묻은 곳이다.

1597년(선조 30) 7월, 왜군 11만 명은 황석산성과 남원을 공격하기 시작했습니다. 남원은 지역적으로 전라도와 충청도를 연결하는 곳으로, 조선군과 왜군은 남원을 두고 격하게 대립한 곳이지요.

왜군이 쳐들어오자 남원성의 관군과 백성은 모두 튼튼한 교룡산성으로 옮겨 결전을 준비했습니다. 하지만 원군으로 와 있던 명나라 장수 양원이 평지인 남원성에서 싸우기를 고집하는 바람에 교룡산성을 버리고 남원성에서 싸우다 참패를 당하고 말았습니다. 이 싸움에서 많은 사람이 죽었지요.

정유재란이 끝난 다음, 전사한 1만여 명의 관리와 군사, 백성의 시신을 한데 모아 묻은 곳이 바로 만인의총입니다. 만인의총은 처음에 남원역 부근에 있었으나 민가에 둘러싸이게 되어 1964년에 지금의 자리로 이전했습니다.

익산 미륵사지

[초등 사회과 탐구 5-2]
주소 전라북도 익산시 금마면 기양리 32-2
주요 문화재 미륵사지 석탑, 당간 지주

　익산의 용화산 남쪽 기슭에는 한국 최대의 사찰지로 추정되는 미륵사지가 있습니다. 본래 미륵사는 백제 무왕 때 세웠다고 전해지며, 무왕과 선화공주의 설화로도 유명한 곳이지요.
　《삼국유사》에 따르면 무왕의 왕비인 선화공주가 부탁해서 미륵사를 지었다고 합니다.
　익산 미륵사지에 있는 석탑에서는 국보급 유물이 발견되었습니다. 바로 사리장엄구의 핵심인 금제사리호이지요. 정교하고

익산 미륵사지 백제 무왕 때 지어져 조선 시대에 문을 닫은 절터이다. 백제가 멸망할 때까지 중요한 역할을 했던 절이라고 한다.

익산시 | 익산 미륵사지　149

세련된 문양과 가공 기법이 절정에 달한 백제문화를 잘 보여 주는 유물로 평가되고 있답니다. 2014년까지 미륵사지 석탑의 복원 작업을 계속한다고 하니, 앞으로 어떤 유물이 더 나올지 기대가 됩니다.

미륵사지 석탑 국보 11호로 목탑 양식을 이은 우리나라에서 가장 오래되고 커다란 규모를 자랑하는 석탑이다.

　미륵사는 원래 불교의 힘으로 신라의 침략을 막으려고 지은 호국사찰입니다. 그래서 백제가 멸망할 때까지 중요한 역할을 한 곳으로 역사적 가치가 높지요. 또한 세 채의 사찰을 한 곳에 세운 배치로 우리나라의 다른 절이나 중국, 일본에도 유례가 없는 아주 특이한 형태를 갖추고 있습니다. 안타깝게도 지금은 건물들이 사라지고 반쯤 부서진 미륵사지 9층 석탑과 당간 지주 등의 석조 건축 파편만이 남아 있지요.

　국보 11호로 지정된 미륵사지 석탑은 목탑 양식을 이은 우리나라에서 가장 오래된 석탑입니다. 최근에는 이 탑과 비슷한 규모의 탑이 동쪽에 하나 더 있었다는 사실이 밝혀져 '미륵사지 서탑'이라고 부르기도 합니다. 두 석탑 사이에 목탑도 있어 원래 미륵사에는 탑이 세 기 있었다고 하지요.

　이 탑은 평면이 사각형인 7층 이상의 다층 석탑이었을 것으로 보입니다. 지금은 6층까지만 남아 있어 정확한 층수는 알 수 없지요. 목조 건축물의 특징을 살려 하나하나 돌로 정교하게 깎아 만들었습니다. 기단은 목탑처럼 낮은 단층으로 되어 있습니다. 탑은 1층 몸돌을 각 면마다 세 칸씩 나누고, 가운데 칸에 문을 만들어서 사방으로 내부가 통하게 만들었으며, 내부 중앙에는 거대한 사각형 기둥을 세웠습니다. 1층 몸돌의 사면에는 모서리기둥인 우주를 세웠으며, 위아래가 좁고 가운데가 볼록한 목조 건축의 배흘림 기법을 따르고 있습니다. 지붕돌은 얇고 넓으며, 네 귀퉁이에 이르러서 살짝 치켜 올라가 있습니다. 2층부터는 탑 몸체가 얕아지고 각 부분을 간략하게 표현했으며, 지붕돌도 1층보다

미륵사지 당간 지주 장식이 적고 단정한 형태로 통일신라 시대 중기 이후에 만들어진 것으로 보인다.

너비가 줄어들 뿐 같은 수법을 보입니다. 미륵사지 석탑은 백제 사람들의 예술 감각과 건축, 수학적 역량이 녹아 있는 예술작품이자 현존하는 최고의 석탑으로 귀중한 문화유산입니다. 하지만 안타깝게도 1915년 붕괴 직전에 있던 미륵사지 석탑을 보존하기 위해 조선총독부가 지시한 콘크리트 보수작업 때문에 반쪽 정도만 남게 되었습니다. 현재는 탑을 지탱해 주는 콘크리트마저 부식되어 석재가 벌어지는 등 붕괴 위험이 높아졌지요. 그래서 부득이하게 해체 보수 작업에 들어갔습니다.

보물 236호로 지정된 미륵사지 당간 지주는 미륵사지 남쪽에 서 있습니다. 두 기의 지주가 약 90센티미터의 간격을 두고 서 있지요. 서탑과 동탑 앞에 하나씩 세워진 듯하며, 당간 지주의 크기와 양식, 조성 수법이 같아 같은 시기에 세워진 것으로 보입니다. 지주를 받친 기단부는 완전히 파괴되어 대부분이 땅속에 묻혀 있고 약간 드러나 있습니다. 지주는 원래 모습 그대로 보존되어 있는데, 마주 보는 면에는 특별한 장식이 없습니다. 당간을 고정시키기 위해 지주의 안쪽 면에 세 개의 구멍을 각각 뚫어 놓았지요. 맨 위의 구멍만 직사각형 모양이고 나머지는 둥글게 처리했습니다. 대체적으로 장식이 적으며, 형태가 단정한 지주는 통일신라 시대 중기 이후에 만들어진 것으로 짐작됩니다.

톡톡! 이야기 주머니

백제 무왕은 누구일까요?

익산은 백제 무왕의 흔적이 많은 곳이지요. 무왕이 이곳에서 태어나기도 했고, 무왕과 왕비의 무덤으로 추정되는 쌍릉이 근처에 있기도 합니다. 무왕은 무엇보다 구전가요인 〈서동요〉의 주인공 서동으로 많이 알려져 있습니다.

무왕은 백제의 30대 왕으로 이름은 장입니다. 어린 시절에 불렸던 이름은 서동이지요. 29대 법왕의 아들이며, 31대 의자왕의 아버지이기도 합니다. 무왕이 왕위에 올랐을 무렵, 백제는 귀족 간의 내분과 왕권 약화로 나라 안이 어수선했습니다. 전대 왕들도 오래 살지 못해 자주 왕권이 교체되었지요. 하지만 무왕이 왕위에 오른 후부터는 달라지기 시작했습니다. 무왕은 41년 동안 재위하며 왕권을 안정시켰습니다. 왕흥사나 미륵사 같은 대규모 사찰을 지어 왕의 위엄을 세우려 했지요. 또한 신라를 자주 침공해 활발한 정복 전쟁을 벌였답니다. 그러나 무왕은 백제를 보다 강하게 만든 마지막 왕이 되고 말았습니다. 무왕의 아들, 31대 의자왕에서 백제의 맥이 끊기고 말았으니까요.

나는 백제의 용감무쌍한 무왕이다! 고구려, 신라 모두 덤벼라. 이얍!

익산 왕궁리 5층 석탑

[초등 사회 4-2]
주소 전라북도 익산시 왕궁면 왕궁리 산 80

백제 31대 무왕은 익산이 별도의 수도 역할을 하게 했을 뿐만 아니라, 실제로 익산으로 천도(도읍을 옮김)하려 했다고 합니다. 백제 왕궁 터에서 발굴한 유물과 유적을 통해 무왕의 익산 천도설이 역사적 근거를 확보하고 서서히 힘을 얻는 듯하지만, 아직까지 학계에서 의견이 분분한 학설이지요.

익산의 왕궁리는 무왕 천도설과 관련이 있는 유적지입니다. 옛 문헌들에서는 익산 왕궁리를 옛날 궁궐터, 무왕이 별도를 세운 곳, 마한의 궁성터라고 적고 있지요. 미륵사지와 함께 최대 규모의 백제 유적으로 꼽히며, 앞으로 많은 연구가 이루어져야 할 곳입니다.

익산 왕궁리에는 국보 289호로 지정된 익산 왕궁리 5층 석탑이 있습니다. 전체적으로 장중하고 안정된 모습이며, 특히 하늘로 향해 경쾌한 날갯짓을 하는 듯 보이는 탑의 모양이 보는 이를 감탄하게 하지요. 이 석탑은 언덕 위에 서 있으며, 단층의 기단 위에 5층의 몸돌과 지붕돌을 올렸습니다. 발견 당시에는 기단부가 파묻혀 있었는데, 1965년에 해체·수리하면서 원래의 모습이 드러났지요. 기단은 네 모서리에 팔각으로 깎은 주춧돌을 기둥삼아 놓았습니다. 기둥과 기둥 사이에는 길고 큰 네모난 돌을 서로 맞물리게 해서 여러 층 쌓아 올려 목조탑의 형식을 따랐지요. 팔각기둥과 네모난 돌들 사이에는 흙을 다져서 메워 놓았습니다. 1층부터 5층까지 몸돌에는 모서리기둥인 우주와 버팀목기둥인 탱주를 새겼습니다. 지붕돌은 얇고 밑은 반듯하지만 네 귀퉁이에서 가볍게 위로 치켜 올려져 있으며 방울을 달았던 구멍이 뚫려 있지요. 5층 지붕돌 위의 머리 장식으로는 네모난 지붕 모양의 장식인 노반과 그릇을 엎어 놓은 것 같은 복발 등이 남아 있답니다. 지붕돌이 얇고 넓어 빗물을 받는 낙수면이 평평한 점이나 1층의 지붕돌이 기단보다 넓은 점 등에서 백제 석탑의 양식을 일부 엿볼 수 있지요.

  백제계 석탑 양식에 신라 탑의 형식이 일부 어우러진 고려 시대 전기의 작품으로 추정하며, 이 석탑에서 발견된 익산 왕궁리 5층 석탑 사리장엄구는 국보 123호로 일괄 지정되어 국립중앙박물관에서 보관하고 있습니다.

익산 고도리 석불입상

[초등 사회 4-2]

주소 전라북도 익산시 금마면 동고도리 400-2

익산 고도리 석불입상 사다리꼴 모양의 돌기둥 같은 몸체나 조각 수법이 석인상과 비슷하다. 고려 시대에 간결한 거대 석상이 많이 만들어졌다.

익산의 옥룡천을 사이에 두고 너른 들판에 두 구의 석상이 서로를 마주보며 서 있습니다. 마치 견우와 직녀를 떠올리게 하는 두 불상은 남녀석상으로 약 200미터의 거리를 두고 서 있지요. 이 남녀석상의 이름은 익산 고도리 석불입상입니다. 이 석불입상에는 음력 12월에 두 불상이 만나 1년 동안 있었던 이야기를 나누고, 새벽닭 우는 소리가 들리면 제자리로 돌아간다는 전설이 전해져 옵니다. 하지만 원래 불교에서 부처는 성별이 없기 때문에 이 전설은 불교에 민간 토속신앙이 합쳐진 이야기로 보입니다.

보물 46호로 지정된 익산 고도리 석불입상은 사다리꼴 모양의 돌기둥 형태로 전체적으로 모습은 비슷한 편이며, 속칭 '인석'이라고 불리지요. 머리에는 사각형의 높은 관 위에 네모난 넓은 갓을 쓰고 있습니다. 신체는 특별한 구분 없이 손과 옷자락만 겨우 나타나 있지요. 사각형의 얼굴에는 가는 눈, 짧은 코, 작은 입이 간신히 표현되어 있으며, 토속적인 수호신의 표정입니다. 목은 무척 짧게 표현되어서 어깨와 얼굴이 거의 붙어 있는 듯 보이지요. 몸은 굴곡이 없으며 팔은 표현되지 않고 손이 겨우 배에 표현되었습니다. 옷도 특별한 무늬 없이 선 몇 개만 표현되었습니다. 대좌와 불상을 같은 돌에 새겼는데, 앞면을 약간 깎아 대좌 같은 모양을 만들었지요. 도로 쪽에 있는 동쪽 불상은 표정이 좀 더 우람하고, 서쪽 불상은 보다 부드러운 편이지요. 조각 수법이 사실적이지 않고, 마치 무덤 앞에 서 있는 석인상과 모습이 비슷합니다. 거대한 불상의 신체 표현이 간략화되어 있는 점이 고려 불상의 특징과 같아 고려 시대 작품으로 보고 있습니다.

피향정

[초등 사회 3-1, 초등 사회 6-1]

주소 전라북도 정읍시 태인면 태창리 101-2~6

정읍시

피향정은 '향기가 피어나는 정자'라는 뜻이랍니다. 전주 한벽당, 남원 광한루, 순창 귀래정, 옥구의 자천대와 함께 호남 5대 정자 가운데 첫 번째로 손꼽히지요. 그래서 건물 북쪽에는 피향정, 남쪽 앞면에는 호남제일정이라는 현판이 걸려 있습니다.

보물 289호로 지정된 피향정은 통일신라 시대 때 최치원이 지었다는 설이 있지만 확실하지는 않습니다. 피향정은 앞면 다섯 칸, 옆면 네 칸의 팔작지붕에 지붕 처마를 받치기 위해 만든 공포

피향정 조선 시대 중기의 목조 건축 양식을 잘 보여 주는 피향정은 호남 지방에서 으뜸가는 정자이다.

를 새 날개 모양으로 꾸민 초익공 양식의 건물이지요. 건물 사면이 모두 뚫려 있어 사방을 바라볼 수 있고, 난간은 짧은 기둥을 닭 벼슬 모양으로 조각해 주변을 촘촘히 둘렀습니다. 건물 안쪽 천장은 지붕 재료가 훤히 보이는 연등천장이지만, 천장 일부를 가리기 위해 건물 좌우 사이는 가구를 볼 수 없게 만든 우물천장으로 꾸몄습니다.

피향정 현판 피향정 남쪽면에 '호남제일정'이라는 현판이 걸려 있다.

피향정은 남향 건물이며 앞뒤로 오르내릴 수 있도록 계단을 두었습니다. 피향정의 앞뒤로는 연꽃이 가득한 연못이 두 곳 있었습니다. 앞쪽에 상연지와 뒤쪽에는 하연지가 있었는데, 도로가 만들어지면서 지금은 하연지만 남아 있지요. 대부분의 문화재나 유적 등은 사람들의 발길이 뜸한 곳에 있어 들르기가 쉽지 않지만, 피향정은 태인 사거리에 위치하고 있어 편하게 찾을 수 있는 정자랍니다. 여름이면 연꽃이 만발해 아름다운 경치를 감상할 수 있습니다.

피향정은 조선 시대의 대표적인 정자 가운데 하나로 조선 시대 중기의 목조 건축 양식을 잘 보여 주고 있어 건축사 연구에 중요한 자료가 되는 문화재입니다. 또한 피향정을 찾은 시인과 선비들의 시가를 기록한 현판이 걸려 있어 선비 문화를 알 수 있는 곳이지요.

황토현 전적지

[초등 사회 5-2, 초등 사회 6-1]
주소 전라북도 정읍시 덕천면 하학리 2

황토현 전적지 많은 농민군이 관군의 부정에 대항해 싸워 승리한 곳이다.

"새야, 새야, 파랑새야, 녹두밭에 앉지 마라, 녹두꽃이 떨어지면 청포장수 울고 간다"는 민요를 들어본 적이 있나요? 이 노래는 갑오농민전쟁을 이끌었던 녹두장군 전봉준을 노래한 것이지요. 갑오농민전쟁이란 조선 시대 말기 전라도 고부군(정읍시 고부면)에서 군수 조병갑의 학정을 견디지 못한 농민들이 일으킨 봉기에서 시작한 농민운동입니다. 1개월 만에 호남 지방을 농민들의 세상으로 만들었고, 많은 농민이 들고 일어나 부정과 외세에 대항했지요. 최초로 봉기를 일으켜 농민군이 관군과 싸워 승리한 곳이 바로 '황토현'입니다.

황토현 전적지는 해발 70미터의 야산으로 당시 태인과 고부를 연결하는 요지였습니다. 녹두장군 전봉준이 이끄는 농민군이 대치하고 있던 관군을 기습 공격해 승리하고, 농민들이 호남 지방을 차지하는 계기를 마련한 역사적인 현장이지요. 당시 농민들은 황토현 전투에서 승리한 덕분에 정읍, 흥덕, 고창, 무장을 비롯한 주변 지역으로 세력을 확장했으며, 나아가 전주까지 장악하게 되었습니다.

농민운동은 그 뒤로 잠시 진정되었으나 청일전쟁 이후 노골적으로 변한 일제 침략에 맞서 다시 전국적으로 일어났습니다. 전국 각지에서 농민군이 목숨을 걸고 용감히 싸웠지요. 그러나 공주 우금치 전투에서 신무기로 무장한 일본군에 크게 패한 다음, 전봉준을 비롯한 농민군 지도자들이 체포되어 순국했습니다. 한때 관군을 무찌르고 삼남 지방을 휩쓸기도 했던 갑오농민운동은 결국 중국 청나라와 일본의 개입으로 실패했지만, 그 정신만큼은 이후 항일 의병 투쟁과 3·1 운동으로 계승되었습니다.

황토현에는 당시 황토현 전투를 기념하는 황토현 기념관과 공원 등이 조성되어 있습니다. 기념관 앞에는 황토현 전적지 정화 기념비가 있고 고갯마루에는 '갑오동학혁명기념탑'이 세워져 있지요. 이곳에는 녹두장군 전봉준의 동상도 있고, 각 마을 동학 집강들에게 혁명에 참여하도록 명하는 격문인 '사발통문'도 기념관 안에 보관되어 있답니다.

황토현 전적지 정화 기념비 황토현 기념관 앞에 역사 유적지로 정화했다는 기념비가 세워져 있다.

인근에는 사적 283호로 지정된 '전봉준 선생 고택지'가 보존되어 있지요. 전봉준 선생 고택지는 녹두장군 전봉준과 관련해 유일하게 남아 있는 유적입니다. 죽창문의 방 세 개와 부엌이 딸린 본채가 있고, 마당가에는 변소와 헛간으로 쓰이는 아래채가 따로 있는 전형적인 한국의 시골집이지요. 전봉준 장군이 고부농민봉기가 있기 5~6년 전에 이사와 훈장 생활을 하다 고부농민봉기를 일으킬 때까지 이 집에서 거주했다고 합니다. 당시 농민들의 함성을 떠올리며 함께 둘러보면 어떨까요?

농민들이여!
모두 나를 따르라.
승리는 우리의 것.

고창 지석묘군

[초등 사회과 탐구 4-2]

주소 전라북도 고창군 고창읍 죽림리 아산면 상갑리 일대
홈페이지 http://www.gcdolmen.go.kr

역사를 기록한 문헌과 옛날 사람들이 만든 유물과 유적을 살펴보면, 그 시대 사람들이 어떻게 살았는지 짐작할 수 있습니다. 특히 문자가 없었던 먼 옛날은 유물과 유적을 통해 알 수 있지요. 그렇다면 청동기 시대의 대표적인 유물은 무엇일까요? 바로 고인돌입니다. 우리는 고인돌을 통해 당시 강력한 지도자가 통치하는 부족 사회의 등장을 추측할 수 있습니다.

우리나라에서 고인돌이 많이 분포된 곳은 강화와 화순의 고인돌 유적과 2000년 12월에 세계문화유산으로 등재된 고창이 있

고창 지석묘군 지석묘란 선사 시대 무덤으로 고인돌이라고 부르기도 한다. 청동기 시대 사람들의 집단 무덤이다.

습니다.

　고창은 우리나라 최대 규모의 고인돌군이 있지요. 고창군 고창읍 죽림리와 아산면 상갑리 일대의 매산마을을 중심으로 고인돌 총 447기가 분포되어 있습니다. 다른 지역에 비해 고인돌이 많고 종류가 다양하지요. 고창에 유난히 고인돌이 많은 까닭은 고창 지역에 수많은 세력이 존재했기 때문이랍니다. 고창은 평야와 근접하고, 해안과 강이 모두 어우러져 있어서 농경생활을 중심으로 세력을 이루고 있었을 것입니다. 고인돌이 많은 점으로 미루어 보아 강력한 지도자가 통치하는 여러 부족이 오랫동안 있었으리라 짐작됩니다.

　고창 지석묘군은 다른 지역과 달리 한군데에 모여 있는 경향이 강합니다. 그 규모도 적게는 십여 기부터, 많게는 수백 기에 이릅니다. 지금은 447기가 남아 있지만 원래는 2000여 기 이상의 고인돌이 분포해 있었던 것으로 조사되었습니다.

　고창 지석묘군은 북방식·남방식 등 국내에서 조사되는 고인돌의 각종 형식을 포괄합니다. 또한 고인돌의 크기는 작은 것부터 마치 바위 같은 커다란 형태까지 있어 고인돌의 역사에 아주 중요한 자료가 되고 있지요. 고인돌은 단순한 무덤이 아닙니다. 대부분 혈연집단의 무덤이기는 하나, 혈연집단의 무덤을 상징하는 묘표석, 종족이나 집단의 모임장소나 의식을 행하는 제단 등의 기능도 가지고 있습니다.

탁자 모양의 북방식 고인돌 굄돌이 높고 뚜껑돌이 얇아 탁자식 모양으로, 매장 시설이 땅 위에 설치되어 있다.

바둑판 모양의 남방식 고인돌 작은 굄돌 위에 두꺼운 뚜껑돌을 얹어 바둑판 모양으로, 매장 시설이 땅속에 설치되어 있다.

고창의 고인돌은 논을 중심으로 한 농지나 산림과 농지 사이의 경계선상에 주로 분포하고 있지요. 또한 반경 4킬로미터 구간 안에 채석지가 있어 그 구간 안에 있는 돌을 이용해 고인돌을 만든 것으로 보입니다.

현재 고창군은 지석묘군을 보존·관리하고, 관광자원으로 활용하기 위해 공원을 조성했습니다. 고인돌 박물관도 만들고 고인돌 마을도 조성해 고인돌 유적지 형태를 갖추었지요. 청동기 시대의 생활상을 살펴볼 수 있어서 역사 공부에 아주 좋은 곳입니다.

선운사

[초등 사회 5-2]

주소 전라북도 고창군 아산면 삼인리 500
홈페이지 http://www.seonunsa.org
주요 문화재 대웅전, 금동보살좌상 등

붉은 동백꽃으로 유명한 선운사는 사시사철 아름다운 경관을 자랑하는 사찰이랍니다. 여름에는 녹음이 우거지고, 가을에는 단풍과 꽃무릇으로 붉게 물들고, 겨울에는 흰눈이 천지를 하얗게 뒤덮지요. 선운사가 있는 선운산은 도솔산이라고도 불립니다. 대동여지도에 도솔산이라고 표기되어 있고 선운사의 일주문 현판도 '도솔산 선운사' 입니다. 미륵부처가 내려오기 전 머무는 도솔천에서 따온 이름이지요. 또한 선운사에는 도솔암이라는 암자

선운사 대웅전 조선 시대 중기의 건물로 섬세하고 장식적인 구성으로 빗살 여닫이문이 돋보이는 건물이다.

가 있습니다. 이로 미루어 보아 선운사가 미륵신앙의 사찰이라는 사실을 쉬이 짐작할 수 있겠지요?

선운사는 577년(백제 위덕왕 24)에 검단 선사가 세웠다고 합니다. 정유재란 때 본당만 남기고 불탔지만, 1613년(광해군 5)에 고쳐 지으면서 오늘에 이르렀지요.

선운사는 평지에 위치해 안정감 있고 편안한 느낌을 줍니다. 선운사 앞을 흐르는 도솔천을 지나고 천왕문을 통해서 경내로 들어가면, 맞배지붕의 만세루와 대웅보전이 마주하고 있지요. 보물 290호로 지정된 선운사 대웅전은 선운사의 본전입니다. 현재의 이 대웅전은 다시 지은 건물로, 앞면 다섯 칸 옆면 세 칸 규모의 맞배지붕에 다포양식입니다. 안쪽 천장은 지붕 구조물을 보이지 않게 하는 우물천장이며 단청벽화가 매우 아름답습니다. 조선 시대 중기의 건축물답게 섬세하고 장식적인 구성과 빗살 여닫이문이 무척 화려하고 돋보이는 건물입니다.

선운사 대웅전 뒤로는 동백나무 숲이 펼쳐져 있습니다. 조선 시대 때 절의 자금을 동백기름을 팔아 마련하려고 동백나무를 심었다는데, 지금은 선운사의 상징이 되었습니다. 선운사는 김제의 금산사와 함께 전라북도의 2대 본사입니다. 오랜 역사와 빼어난 자연경관, 소중한 불교문화재들을 보유하고 있어 사시사철 참배와 관광의 발길이 끊이지 않고 있지요.

보물 279호로 지정된 선운사 금동보살좌상은 청동 표면을 도금한 조선 시대 초기의 금동지장보살좌상입니다. 머리는 고려 시대 지장보살상에서 폭넓게 나타나는 두건을 쓴 모습이지요. 두건

선운사 금동보살좌상 청동 표면을 도금한 불상으로 이마에 두른 띠가 귀를 덮고 양 가슴까지 내려와 있다.

을 묶은 좁은 띠가 이마를 두르며 귀를 덮고 양 가슴 부분까지 내려와 있습니다. 넓적하고 살찐 얼굴에는 눈·코·입이 작고 생기 없게 묘사되었습니다. 목이 짧아 움츠린 듯 보이고, 가슴은 당당한 모습이지만 두꺼운 옷에 싸여 몸의 굴곡이 나타나 있지 않습니다. 손은 비교적 사실적으로 표현되었습니다. 오른손은 어깨까지 들어 엄지와 중지를 맞댈 듯 굽혔고, 왼손은 배에 붙여서 엄지와 중지를 약간 구부렸지요.

이 금동보살좌상은 일제강점기에 도난당해 일본으로 넘어갔는데 소장자의 꿈에 이 불상이 수시로 나타나 "나는 본래 전라도 고창 도솔산에 있었다. 어서 그곳으로 돌려보내 달라"고 했습니다. 소장자가 꿈을 무시하자 집안의 살림살이가 기울어졌고, 결국 다른 사람에게 불상을 넘기게 되었습니다. 그런데 다른 사람에게도 똑같은 일이 반복되었지요. 그래서 다시 선운사로 돌아오게 되었다고 합니다.

보물 280호로 지정된 선운사 도솔암 지장보살좌상은 선운사의 암자인 도솔암 도솔천내원궁에 모신 고려 시대 후기의 금동지장보살좌상입니다. 대좌와 광배가 모두 없어지고 불상의 몸체만 완전하게 남아 있지요. 늘씬하고 당당한 상체와 탄력적인 하체, 부드럽고 단아한 어깨선에서 균형미가 느껴집니다. 선운사 금동보살좌상처럼 머리에 두건을 썼으며, 두건이 이마를 두르고 귀 뒤로 넘어가 어깨까지 늘어뜨려진 모습입니다. 얼굴은 둥글고 단

선운사 참당암 대웅전 선운사 내 참당암의 대웅전이다. 여러 차례 고쳐 지어 지금은 조선 시대 건물이다.

아하며 전체적으로 이목구비를 꼼꼼히 표현해 놓았습니다. 양 귀에는 만개한 꽃무늬를 따로 연결해 귓불에 묶었습니다. 고려 시대 후기의 불상 양식을 충실히 반영하고 있는 우아하고 세련된 당대 최고의 작품입니다.

보물 803호로 지정된 선운사 참당암 대웅전은 선운사 산내암자 참당암의 중심 건물입니다. 신라 시대 의운 화상이 세웠다고 하지요. 그 뒤로 여러 차례 고쳐 지으면서, 현재는 조선 시대의 건물입니다. 앞면 세 칸, 옆면 세 칸이며 맞배지붕에 다포양식이지만 뒷쪽의 공포는 기둥 위에만 공포가 있는 주심포양식입니다.

톡톡! 이야기 주머니

검단 스님과 선운사

선운사에는 선운사를 세웠다고 전해지는 검단 스님과 관련한 여러 설화가 전해 오고 있습니다. 원래 선운사의 자리는 용이 살던 큰 못이 었지요. 검단 스님이 이 용을 몰아내고 돌을 던져 연못을 메웠습니다. 그때 마침 마을에 눈병이 심하게 돌았습니다. 그런데 신기하게도 못에 숯을 한 가마씩 갖다 부으면 눈병이 씻은 듯이 나았습니다. 마을사람들이 너도 나도 숯과 돌을 가져와 못에 붓자 큰 못이 금방 메워졌지요. 그 자리에 세운 절이 바로 선운사입니다. 검단 스님은 '오묘한 지혜의 경계인 구름에 머무르면서 갈고 닦아 선정의 경지를 얻는다'고 해서 절 이름을 '선운(禪雲)'이라 지었다고 합니다.

다른 설화도 있답니다. 선운사가 있는 마을에는 도적이 많았습니다. 검단 스님은 도적들에게 소금 만드는 법을 가르쳐 주어 올바르게 살 수 있도록 교화했지요. 그 덕분에 도적들은 양민이 되었고, 스님의 은덕에 보답하기 위해 해마다 봄가을로 소금을 갖다 공양했습니다. 이 소금을 '보은염'이라고 불렀으며 그들이 사는 마을 이름을 '검단마을'이라 불렀습니다.

에고~ 눈 아파.
연못에 숯을 갖다
부어야지.

고창읍성

[초등 사회 3-2, 초등 사회과 탐구 4-2]
주소 전라북도 고창군 고창읍 읍내리 126

고창에는 성곽 길을 따라 산책하기 좋은 성이 있습니다. 바로 고창읍성이지요. 고창읍성은 성문 옆쪽으로 성곽 위를 돌아다닐 수 있는 길이 나 있습니다. 이 길을 따라 걸으면 하늘을 뒤덮는 노송과 빽빽하게 들어선 대나무를 감상하며 산책하는 즐거움을 만끽할 수 있습니다. 봄에는 성곽 아래로 붉은 철쭉이 피어나 즐거움을 더해 주지요.

고창읍성은 왜적의 침입을 막기 위해 돌로 쌓은 성입니다.

고창읍성 외적의 침입을 막기 위해 돌로 쌓은 성으로 나지막한 야산을 이용해 바깥쪽으로만 성을 쌓았다.

'모양성'이라고도 불리지요. 백제 시대에 고창 지역이 '모량부리'라고 불린 데서 유래했다고 보입니다. 1453년(단종 원년)에 축조되었다고 하나 확실하지는 않습니다. 성벽에는 1453년(계유년) 연도와 호남의 여러 고을 사람들이 축성한 사실, 각 고을 이름이 새겨져 있지요.

거칠게 다듬은 자연석으로 쌓은 성벽은 비교적 잘 남아 있고, 읍성으로서는 거의 완전한 형태로 보존되어 있습니다. 성 안에는 관아 건물이 22개 있었다고 하나 전란에 모두 불타 없어졌고 일부 건물만 다시 세워 놓은 상태랍니다. 읍성에는 1871년에 세운 흥선대원군 척화비가 서 있고, 읍성 앞에는 조선 시대 후기 판소리의 대가인 신재효의 생가가 있지요.

조선 시대에는 대부분 읍성을 평야 지대에 조성해 성 안에서 관민이 함께 생활했습니다. 그러나 고창읍성은 나지막한 야산을

신재효 생가 고창읍성 앞에는 조선 시대 후기 판소리의 대가인 신재효 선생이 태어난 집이 있다.

이용해 바깥쪽만 성을 쌓는 기법을 사용했답니다. 보통 때는 성 밖에서 생활하다가 전쟁이나 큰일이 생기면 모두 성 안에 들어와 싸웠지요. 성문 앞에는 옹성을 둘러쌓아 성문을 보호하고, 성 안에는 관아와 우물 네 곳, 연못 두 곳을 만들어 놓았습니다.

특히 고창읍성은 조선 시대 읍성에서 보기 어려운 주춧돌과 문짝을 달았던 홈이 파인 문이 있습니다. 거의 자연석을 써서 쌓았지만 이따금 초석, 대리석, 당간 지주 등을 깨뜨려 쓴 듯 보이는 석재도 있습니다.

공복루 고창읍성의 북쪽 문이다.

고창읍성에는 여성들이 성벽을 밟는 풍속이 있습니다. 한 해의 재앙과 질병을 쫓고 복을 비는 의식 가운데 하나로 좋은 민속 자료가 되지요.

톡톡! 생각 주머니

고창읍성의 성 밟기 놀이

고창읍성에는 성 밟기 놀이가 전해 옵니다. '답성놀이'라고도 하며 무병장수를 기원하는 놀이지요. 이 놀이는 부녀자들이 돌을 머리에 이고 성을 도는 전통 풍속이랍니다. 성을 한 바퀴 돌면 다리 병이 낫고, 두 바퀴 돌면 병에 걸리지 않고 오래 살며, 세 바퀴 돌면 죽어서 극락에 간다는 전설에서 유래되었지요. 그래서 고창읍성에서는 해마다 성 밟기 놀이를 한다고 합니다. 이때 반드시 손바닥만 한 돌을 머리에 이고 세 번 돌아야 하고, 일정한 지역에 그 돌을 쌓아두도록 했습니다. 성 밟기는 저승 문이 열리는 윤달에 밟아야 효험이 있으며 3월 윤달이 가장 좋다고 합니다. 또한 저승 문이 열리는 엿샛날이 좋다 해서 초엿새, 열엿새, 스무엿새 날에 성 밟는 행렬이 이어지지요.

사실 성 밟기 놀이에는 또 하나의 이야기가 전해집니다. 고창읍성이 부녀자들의 힘으로만 지어졌다는 것입니다. 읍성을 쌓을 때 부녀자들이 돌을 머리에 이거나 손에 돌을 들어 날랐기 때문입니다. 그리고 부녀자들이 성을 더욱더 튼튼하게 하기 위해 성을 꾹꾹 밟아 대는 성 밟기 놀이를 했다고 합니다.

힘들어도 세 바퀴 돌고 극락가야지!

내소사

[초등 사회 4-2]

주소 전라북도 부안군 진서면 석포리 268
홈페이지 http://www.naesosa.org
주요 문화재 동종, 영산회괘불탱, 대웅보전 등

온통 바위로 뒤덮인 능가산 자락에 자리한 내소사는 자연경관이 아주 빼어난 곳입니다. 특히 일주문 오른쪽에 있는 할머니 당산나무부터 천왕문에 이르기까지 쫙 펼쳐진 전나무 숲길은 보는 사람들마다 깜짝 놀라 입을 다물지 못하지요. 사천왕상이 있는 천왕문을 지나 능가산 봉우리가 병풍처럼 둘러싸고 있는 절 안으로 들어서면, 할아버지 당산나무를 중심으로 수령이 960여 년쯤 된 느티나무들이 늘어서 있습니다. 절 안은 야트막한 축대와 계

내소사 백제 무왕 때 혜구두타가 세운 내소사는 일주문부터 천왕문에 걸쳐 이르는 전나무 숲길이 유명하다.

단이 몇 차례 거듭되면서 조금씩 높아집니다. 두 번째 계단에 올라서면 오른쪽에 천 년 된 할아버지 당산나무가 있지요. 당산나무가 절 안에 있는 경우는 아주 드물어 특히 눈길을 끕니다. 내소사는 예스러운 풍치나 모습이 그윽하면서도 화려한 사찰 풍경이 일품으로, 보면 볼수록 눈을 뗄 수 없는 절이랍니다.

내소사는 633년(백제 무왕 34)에 백제의 승려 혜구두타가 세웠다고 전해집니다. 처음에는 소래사라고 불렸는데 원래는 대소래사와 소소래사가 있었습니다. 현재 남아 있는 내소사는 소소래사입니다.

보물 291호로 지정된 내소사 대웅보전은 석가모니불상을 모시는 내소사의 중심 법당이지요. 앞면 세 칸과 옆면 세칸이며 팔작지붕에 다포양식입니다. 자연석으로 쌓은 축대 위에 낮은 기단과 거의 다듬지 않은 주춧돌을 놓고 세웠습니다. 특히 내소사 대웅보전은 못 하나 쓰지 않고, 오로지 깎은 나무를 끼워 맞춰 지은 건물입니다. 천장은 정사각형 격자 문양이며 꽃무늬 단청이 가득합니다. 부처님이 설법하실 때 하늘에서 꽃비가 내렸다는 설화를 그대로 옮겨온 것이지요. 불상의 뒷벽에는 우리나라에서 가장 큰 백의관음보살님의 벽화가 그려져 있습니다.

내소사 대웅보전은 특히 아름다운 문창살로 유명합니다. 연꽃, 국화꽃, 해바라기꽃 등으로 문살의 문양을 구성해 문이 그 자체로 마치 거대한 꽃밭처럼 보인답니다. 대웅보전의 문살은 당시 뛰어난 조각 솜씨와 독창적인 예술성을 가늠하게 하는 중요한 문화유산입니다.

부안 내소사 동종 보종각 보물 277호인 고려 시대 후기의 동종을 보종각 안에 보호하고 있다.

　내소사에는 보물 1268호로 지정된 내소사 영산회괘불탱과 보물 277호로 지정된 부안 내소사 동종이 있습니다. 내소사 영산회괘불탱은 1700년(숙종 260)에 조성된 괘불이지요. 중심 불상인 석가불을 중앙에 놓고 화면 가득 채웠습니다. 그리고 석가불 좌우로 문수보살과 보현보살을 배치했으며 그 뒤로 다보여래와 아미타여래, 관음보살, 세지보살이 서 있는 칠존 형식구도입니다. 연한 색을 써서 분위기를 밝게 만들었고, 콧속의 털까지 정밀하게 묘사했습니다. 또한 화려한 옷의 무늬와 채색으로 더욱 돋보이지요.

　부안 내소사 동종은 고려 시대 동종의 양식을 잘 보여 주는 종이지요. 종의 아랫부분과 윗부분에는 덩굴무늬 띠를 둘렀고, 어깨부분에는 꽃무늬 장식을 했습니다. 종의 어깨 밑에는 사각형의 유곽이 네 개 있고, 그 안에는 아홉 개의 돌출된 유두가 있습니다. 종을 치는 부분인 당좌는 연꽃으로 장식했고, 종의 몸통에는 구름 위에 삼존상을 새겼습니다. 한국 종의 전통을 잘 계승한 종으로, 표현 기법이 정교하고 사실적이어서 고려 시대 후기 걸작으로 손꼽힙니다.

톡톡! 생각 주머니

대웅전에 얽힌 전설

청민 선사가 내소사를 보수할 때 대웅전을 지으려고 목수를 불렀습니다. 그런데 이 목수가 3년 동안 건물에 들어갈 나무만 깎을 뿐 아무 말을 하지 않았습니다 그래서 사람들은 목수가 묵언수행(아무런 말을 하지 않고 불도를 닦는 데 힘씀)을 한다고 생각했지요.

어느날, 어린 사미승 하나가 장난기가 발동해 몰래 나무토막 하나를 숨겼습니다. 나무를 다 깎은 목수는 나무토막 하나가 없어진 것을 알고 청민 선사에게 절을 지을 수 없다고 했지요. 청민 선사는 그 또한 인연이니 그냥 지어달라고 부탁했습니다. 목수는 할 수 없이 모자란 대로 대웅전을 지었습니다. 그래서 지금도 대웅전 법당 안에는 오른쪽 윗부분이 비어 있다고 합니다.

청민 선사는 법당을 다 지은 다음에 단청(집의벽, 기둥, 천장 등에 그림이나 무늬를 그림)을 하려고 했습니다. 때마침 어느 화공이 찾아와 단청을 해주겠다고 했지요. 화공은 단청을 하는 100일 동안 안을 들여다보지 말라고 단단히 일렀습니다. 그래서 청민 선사와 목수가 번갈아가며 법당을 지켰습니다.

　99일이 되는 날이었습니다. 또다시 장난기가 발동한 사미승은 목수에게 주지 스님이 부른다고 거짓말을 했습니다. 그리고 몰래 법당 안을 들여다보았지요. 법당 안에서는 하얀 새 한 마리가 입에 붓을 물고 단청을 하고 있었습니다. 사미승은 깜짝 놀라 그만 문을 덜컥 열고 말았습니다. 그 바람에 새가 놀라 날아가 버렸지요. 그래서 대웅전 오른쪽 벽면에는 단청이 마무리되지 못한 부분이 지금도 남아 있습니다. 사찰에서는 그림을 그리던 새를 관음조라 합니다. 지금도 새벽녘이면 관음조라고 여겨지는 새 울음소리가 들린다고 하지요. 목수와 관음조는 관음보살이 대신 나타난 모습이라는 이야기가 전해집니다.

개암사

[초등 사회 4-2]

주소 전라북도 부안군 상서면 감교리 714
주요 문화재 대웅전, 영산회괘불탱 및 초본 등

　능가산 자락에 우뚝 솟은 울금바위가 병풍처럼 둘러싸고 있는 절 개암사! 개암사는 그리 크지 않아 아담하면서 잘 정돈된 전각들이 가지런한 사찰의 형태를 갖추고 있는 절이랍니다. 소박해서 더욱 정겨운 사찰이지요.

　개암사는 638년(백제 무왕 35)에 묘련 왕사가 변한의 궁전을 절로 고쳐서 지었다고 합니다. 동쪽 묘안동에는 묘암사를, 서쪽 개암동에는 개암사를 지었습니다. 백제가 멸망하고 통일신라 시대에 들어서는 문무왕 때 백제의 유민을 달래기 위해 원효 대사

개암사 백제 무왕 때 묘련 왕사가 세운 절로, 우뚝 솟은 울금바위가 병풍처럼 둘러싸고 있다.

와 의상 대사가 이곳에 들어와 개암사를 보수했습니다.

보물 292호로 지정된 개암사 대웅전은 석가모니불상을 모시고 있는 건물로 개암사의 중심 법당입니다. 조선 시대 중기의 대표적인 건축물이기도 하지요. 앞면 세 칸, 옆면 세 칸이며 팔작지붕에 다포양식입니다. 건물 규모에 비해 기둥이 우람해 안정감이 있고, 조각 기법이 매우 세련되었습니다. 대웅전의 처마와 포는 비록 단청이 지워졌어도 빈틈없는 정교함이 아주 아름답지요. 개암사 대웅전은 뒤쪽 위로 500여 미터 떨어진 울금바위와 어우러져 한 폭의 그림과도 같은 정경을 만들어 냅니다.

울금바위에는 동굴이 세 개 있습니다. 그 가운데 원효방이라는 굴 밑에는 조그만 웅덩이가 있어 물이 고여 있답니다. 전설에 의하면 원래 물이 없었으나 원효가 이곳에서 수도하면서 샘이 솟았다고 하지요.

보물 1269호로 지정된 개암사 영산회괘불탱 및 초본은 괘불탱과 괘불탱의 밑그림을 말하지요. 이 괘불은 석가를 중심으로 좌우에 문수·보현보살이 서 있고, 뒤쪽에는 다보여래, 아미타여래, 관음보살, 세지보살이 있으며, 두 구의 작은 불상이 앉아 있는 구도랍니다. 석가는 머리 쪽에서 다섯 줄기의 빛이 나며 오른쪽 어깨가 드러난 옷을 걸치고 서 있습니다. 각 상들은 얼굴 형태와 어깨가 각이 져서 딱딱하게 보이며, 눈썹은 처져 있습니다. 선이 매우 정밀하고 세련되어 강한 인상을 주지요. 주로 붉은색과 녹색, 금색을 사용해 채색했고, 군청색을 넣어 색채 대비를 잘 보여 줍니다.

화암사

[초등 사회 6-1]

주소 전라북도 완주군 경천면 가천리 1078
주요 문화재 극락전, 우화루 등

들꽃이 지천으로 피어 있는 숲길을 따라 걷다 보면 곳곳에 그림과 시가 걸려 있는 곳. 바로 화암사로 들어가는 '시와 그림, 이야기가 있는 147계단' 길이지요. 문화재청에서 우수사례로 선정될 만큼 독특하고 운치 있는 길이랍니다.

불명산의 원시림이 병풍처럼 두른 곳에 있는 화암사는 통일신라 진성여왕 3년에 일교 국사가 세웠다고 전하지요. 화암사는 임진왜란 때 많은 건물이 불타 버리고 현재 극락전과 우화루만 남아 있습니다.

화암사 극락전 바깥에서 처마 무게를 받치는 부재를 하나 더 설치하는 하앙식 구조로 지어졌다.

화암사 극락전은 보물 663호로 우리나라에 단 하나뿐인 하앙식 구조의 건물입니다. 하앙식 구조란 지렛대 원리를 이용해 바깥에서 처마 무게를 받치는 부재를 하나 더 설치하는 것입니다. 그러면 일반 구조보다 처마를 훨씬 길게 내밀 수 있지요. 극락전 안에는 구리로 만든 화암사 동종도 있습니다.

보물 662호로 지정된 화암사 우화루는 극락전의 앞문 역할을 하는 누입니다. 앞면 세 칸, 옆면 두 칸의 맞배지붕에 다포양식이지요. 1층은 기둥을 세워서 바깥과 통하게 하고, 뒤쪽에는 2층 마룻바닥을 땅과 거의 같게 놓아 건물 앞쪽에서는 2층이지만 안쪽에서는 1층집으로 보이게 했습니다. 우화루는 '하늘에서 꽃비가 내린다는 뜻'을 가진 누입니다. 부처님이 법화경을 설법하려고 할 때 하늘에서 꽃이 비 오듯 쏟아지는 장면을 의미하지요.

화암사 극락전 안에 있는 동종

임실 용암리 석등

[초등 사회 4-2]
주소 전라북도 임실군 신평면 용암리 189

임실 용암리 석등 우리나라에서 두 번째로 큰 석등으로 가운데 받침돌을 뺀 부분이 모두 팔각을 이루고 있다.

　임실 용암리 석등은 우리나라에서 두 번째로 큰 석등입니다. 보물 267호로 지정된 이 석등은 가운데 받침돌을 뺀 부분이 모두 신라 시대 석등의 기본 형태인 팔각을 이루고 있습니다. 화사석을 중심으로 아래에는 3단의 받침을 두고 위로는 지붕돌을 올렸습니다. 아래 받침돌에는 옆면에 눈 모양의 조각인 안상을 새기고, 윗면에는 커다란 꽃 장식을 두었으며 그 위에는 구름을 조각했지요. 가운데 기둥은 장고 모양이며, 연꽃을 새긴 마디가 있습니다. 윗받침돌에도 연꽃이 새겨져 있으며 그 위에 불을 밝히는 화사석은 면마다 창을 내었습니다. 지붕돌의 경사는 급한 편이며, 여덟 곳의 귀퉁이마다 큼직한 꽃 장식이 달려 있고, 꼭대기에는 머리 장식으로 네모난 지붕 모양의 노반과 그릇을 엎어 놓은 것 같은 복발이 놓여 있지요.

　아쉽게도 윗부분이 파손되어 원래 모습이 손상되기는 했지만 섬세하고 정교한 문양이 돋보이는 작품입니다. 팔각의 받침대에 새긴 연꽃과 구름무늬, 가늘고 긴 조각은 오랜 세월에도 지워지지 않고 선명히 남아 있습니다. 큼직한 귀꽃으로 장식된 덮개는 웅장하기까지 하지요.

　임실 용암리 석등처럼 돌 1매로 만든 화사석 팔각 면에 각각 화창을 낸 것은 전라도 지방의 석등에서 주로 나타나는 특징이랍니다. 전체적으로 웅장하고 화려한 이 석등은 형태로 보아 통일 신라 시대에 제작된 작품으로 보입니다.

장수 향교 대성전

[초등 사회과 탐구 5-2]
주소 전라북도 장수군 장수읍 장수리 254-1

우리나라 향교는 대부분 임진왜란과 정유재란 이후에 지어졌습니다. 전란 때 불에 타 없어졌기 때문에 새로 지었지요. 그런데 전란에도 불타지 않고 원형이 잘 보존된 향교가 한 곳 있답니다. 바로 장수 향교이지요. 장수 향교는 1407년(태종 7)에 덕행이 훌륭한 사람들을 모셔 제사 지내고, 지방민의 교육을 위해 나라에서 세운 지방교육기관입니다. 초기에는 선창리 지역에 있었으나, 땅이 습해서 1686년(숙종 12)에 원래 건물 그대로 현재의 위치로 옮겼습니다.

장수 향교 대성전 덕행이 훌륭한 사람들을 모셔 제사 지내고, 지방 교육을 담당하는 기관이다.

장수 향교도 왜군의 공격을 받기는 했습니다. 그러나 "향교에 들어오려거든 먼저 내 목을 베라"고 했던 정경손이 있었기에 끝까지 지킬 수 있었습니다. 정경손은 당시 향교에 속한 노비였지요. 왜군은 정경손에게 감동해 장수 향교를 불태우지 않고 지나쳤다고 합니다.

훗날 장수 향교 입구에는 정경손을 기리는 '성충복정경손수명비'가 세워져 있습니다.

장수 향교 안에는 보물 272호로 지정된 장수 향교 대성전이 있습니다. 이 대성전은 공자를 비롯해 여러 성현에게 제사 지내는 공간으로 앞면 세 칸, 옆면 세 칸의 맞배지붕 건물이지요. 지붕 처마를 받치고 있는 장식 구조의 겉모양을 화려하게 꾸몄습니다. 기둥은 곧고 비교적 가는 편입니다. 다포양식의 공포로 중간에 화반이 눈에 띄며, 처마는 앞면이 겹처마, 뒷면은 홑처마입니다.

이곳에서 보관하고 있는 서적은 지방 향토사 연구에 귀중한 자료가 되지요. 특히 장수 향교 대성전은 조선 시내 향교의 대표 건축물로 조선 시대 전기 향교의 형태를 잘 알려줍니다.

향교에 들어오려거든 먼저 내 목을 베라!

금당사 괘불탱

[초등 사회 4-2]
주소 전라북도 진안군 마령면 동촌리 41

금당사는 마이산 자락에 자리하고 있는 천년 고찰입니다. 876년(통일신라 헌강왕 2)에 중국인 승려인 혜감 대사가 세웠다고 전합니다. 지은 당시 자연동굴에 있었기 때문에 금동사란 이름이 붙었고, 때로는 혈암사라고도 불렸습니다. 675년(숙종 원년)에 지금의 자리로 옮기고 이름을 금당사라 고쳤다고 합니다. 임진왜란 때 절이 크게 훼손됐고 일제강점기에는 진안 지역 의병들의 활동거점이 되기도 했지요.

금당사에는 보물 1266호로 지정된 금당사 괘불탱이 있습니다. 화면 가득 관음보살의 모습을 단독으로 그린 괘불이지요. 광배의 끝부분은 화려한 색을 써서 불꽃무늬를 표현했습니다. 불꽃무늬 안에는 좌우에 각각 작은 불상을 열 구

씩 두었습니다. 머리에는 수많은 부처의 얼굴이 있는 보관을 썼으며 그 좌우에는 봉황이 그려져 있습니다. 이목구비는 작게 표현되었고, 신체에 비해 얼굴이 큽니다. 화려한 장식과 문양의 옷 눈길을 끕니다. 주홍색을 주로 사용했으며 녹색과 분홍색, 흰색을 써서 은은한 분위기를 표현했지요.

전체적으로 화려하고 은은한 무늬와 색상이 돋보이며, 17세기 후반 불화의 특징을 잘 표현했습니다. 관음보살의 근엄한 표정과 당당한 자세, 화려한 꽃무늬가 그려진 보관, 갖가지 무늬로 수놓인 광배 어느 것 하나 빠지지 않습니다. 현란한 색채와 정교하고 치밀한 형태는 통도사 관음보살괘불탱화 및 무량사 미륵보살괘불탱화와 함께 보살괘불탱화의 최고 걸작으로 손꼽힙니다.

가뭄이 들어 기우제를 지낼 때 이 괘불을 걸면 반드시 비가 내렸다고 전해집니다.

여러분!
아름다운 섬 제주도에 도착했네요!
바다 내음을 맡으며 멋진 문화재들을
탐방해 볼까요?

항몽유적지

관덕정

제주도

자연경관이 수려하고 기후가 온난해
세계적인 휴양 관광지로 주목받고 있는 제주도!
독자적인 건국 신화를 가지고 있는 제주도는
삼별초의 항몽유적지로 유서 깊답니다.
재미있는 건국신화와 항몽유적지를 체험하러
제주도로 떠나 볼까요?

관덕정

[초등 사회 6-1]
주소 제주도 제주시 삼도1동 983

제주시내 중심부에는 제주에서 가장 오래된 건물 가운데 하나인 관덕정이 있습니다. 제주가 걸어온 숱한 역사를 간직한 채 묵묵히 서 있지요. 관덕정은 보물 322호로 지정된 제주도의 대표적 건물이랍니다. 건축사 연구에서 소중한 자료로 쓰이기도 하지요. 관덕정은 1448년(세종 30)에 병사들의 훈련장으로 쓰려고 지어졌습니다.

보통 누각이나 정자는 놀이나 관광을 목적으로 짓는 경우가

관덕정 제주에서 가장 오래된 건물의 하나로, 제주를 지키는 훈련장으로 사용되었다.

많습니다. 그러나 관덕정은 제주를 지키기 위한 훈련장으로 사용하기 위해 세웠습니다.

성종 11년(1480)에 목사 양찬이 고친 뒤 여러 차례 수리를 거쳤는데, 현재의 건물은 1969년에 보수한 것으로 17세기 전후의 것으로 추정하고 있습니다.

관덕이란 평소에 마음을 바르게 하고 훌륭한 덕을 쌓는다는 뜻을 가지고 있습니다. 병사들에게 올바른 정신을 심어 주기 위해 지은 것으로 보입니다.

관덕정은 앞면 다섯 칸, 옆면 네 칸으로 팔작지붕에 새 날개 모양의 이익공 공포를 사용했으며, 주위 사면이 모두 트여 시원한 느낌을 줍니다. 지붕 처마가 긴 것이 특징인데, 일제강점기에 일본인들이 관덕정을 보수하면서 처마 부분을 많이 잘라냈다고 합니다.

'관덕정'이라고 쓴 현판은 세종대왕의 셋째 아들 안평대군이 쓴 글씨입니다. '탐라형승'이라는 액자는 선조 임금 때 영의정 이산해의 글씨이지요. 관덕정은 특히 대들보의 벽화가 유명합니다. 비록 작자를 알 수 없지만 조선 초기 시대 작품으로 높이 평가되고 있습니다.

불탑사 5층 석탑

[초등 사회 4-2]

주소 제주도 제주시 삼양1동 696

불탑사 5층 석탑 제주도에 있는 유일한 석탑으로, 전체적인 탑의 모양이 날렵하지 않고 무거워 보인다.

보물 1187호로 지정된 불탑사 5층 석탑은 제주도에 있는 단 하나뿐인 불탑입니다. 제주도의 특색에 맞게 현무암으로 만들어졌지요. 이 탑은 본래 고려 충렬왕 때 세웠다고 전해지는 원당사 터에 있었습니다. 그러나 원당사는 조선 시대 중기에 문을 닫았고 현 불탑사가 1950년대 이후 원당사 터에 세워졌습니다.

불탑사 5층 석탑은 단층의 기단 위에 5층의 몸돌과 지붕돌을 두고 머리 장식을 얹었지요. 이 탑은 단층의 기단과 5층의 몸돌이 심하게 좁아진 특이한 양식입니다. 기단은 뒷면을 뺀 세 면에 눈 장식 모양인 안상을 얕게 새겼는데, 무늬의 바닥선은 꽃무늬처럼 솟아나도록 조각했습니다.

탑의 1층 몸돌 남쪽 면에는 불상을 모셔 두는 감실을 만들어 놓았습니다. 몸돌과 지붕돌은 하나의 돌로 되어 있으며, 몸돌은 아무런 문양 없이 간략한 양식입니다. 지붕돌은 윗면의 경사가 심하지 않지만 네 귀퉁이에서 뚜렷하게 치켜 올려져 있습니다. 꼭대기의 머리 장식 부분은 아래의 돌과 그 재료가 달라서 후대에 만들어진 것으로 짐작됩니다.

전체적으로 조형성이 적고, 탑이 무거워 보이는 점으로 보아 지방색이 강했던 고려 시대 후기에 만들어진 것으로 보입니다. 제주도 유일의 석탑이란 점에서 문화재적 가치가 높은 탑이랍니다.

흠흠, 제주도의 유일한 석탑!

삼성혈

[초등 사회 4-2]

주소 제주도 제주시 이도동 1313
홈페이지 http://www.samsunghyeol.or.kr

옛날에는 제주를 탐라국이라 불렀습니다. 탐라국에는 세 성씨가 나타나면서부터 사람이 살기 시작했다는 신화가 전해지고 있지요. 지금으로부터 약 4300여 년 전에 탐라의 주산인 한라산 북쪽 기슭에 세 신인이 태어났습니다. 고·량·부 세 성씨가 땅에서 솟아난 구멍을 바로 삼성혈이라고 합니다. 고·량·부 삼신인은 이들 성씨의 시조이자 탐라국을 연 장본인들이지요.

이처럼 제주도 사람의 전설적인 발상지인 삼성혈은 사적 134호로 지정 보호되고 있습니다. 삼성혈에는 지금도 品자 형태의 혈이

삼성혈 탐라국을 연 고·량·부 세 성씨가 땅에서 솟아난 구멍을 삼성혈이라고 한다.

세 개 남아 있습니다. 혈 세 개 가운데 하나만 바다와 통하고 나머지는 흔적만 남았지요. 이 혈속에는 빗물이나 눈이 스며들지 않는다고 합니다. 또한 주변 나무들이 혈을 하고 있는 모습이 마치 세 신인에게 절하는 듯 보입니다.

세 신인은 가죽옷을 입고 고기를 사냥해서 먹고 살다가, 벽랑국에서 다섯 가지의 곡식 씨와 송아지, 망아지를 가지고 온 세 공주와 각각 결혼해 농경생활을 시작했습니다. 삼신인은 각자 정착할 터전을 마련하기 위해 도읍을 정했습니다. 한라산 중턱에 올라가서 거주지를 선택하는 활을 쏘아 제1도, 제2도, 제3도로 나누어 각자 생활터전으로 삼았습니다. 오곡을 심고 소와 말을 기르며 촌락을 이루었고, 자손이 번성해 탐라국으로 발전했지요.

이 삼성 개국 신화는 제주(탐라) 개국에 관해 가장 널리 알려진 이야기랍니다. 《고려사 지리지》, 《신증동국여지승람》, 《탐라지》, 《영주지》 등의 문헌에서 기록을 찾아볼 수 있지요.

탐라국은 엄연한 독립국가로 존재하다가 이후, 고려에 합병되었습니다. 1526년(중종 21)에 목사 이수동이 삼성혈에 단과 비석을 세우고, 주위에 울타리를 쌓아 봄과 가을에 제사를 지내게 했습니다. 현재 삼성혈이 있는 곳에는 울창한 숲속에 혈단을 중심으로 삼성전과 삼성문, 제향을 받드는 전사청, 서원이었던 숭보당 등이 있습니다. 해마다 4월 10일과 10월 10일에 춘추대제를 지내고 12월 10일에는 건시대제를 혈단에서 지낸답니다.

제주 항파두리 항몽유적지

[초등 사회과 탐구 6-1]

주소 제주도 제주시 애월읍 고성리 1126-1외

제주 항파두리 항몽유적지 고려 원종 때 김통정 장군과 삼별초 대원들이 여몽 연합군과 목숨 걸고 마지막까지 싸운 곳이다.

우리 민족은 오랜 역사 동안 외침에 맞서 꿋꿋하게 민족의 자주권과 자긍심을 지켜왔습니다. 고려 시대 몽골의 침입에 맞서 싸운 삼별초도 그 가운데 하나지요. 제주에는 당시 삼별초가 끝까지 몽골에 항거했던 유적이 남아 있습니다. 바로 항파두리성 일대지요. 1273년(고려 원종 14)에 김통정 장군과 삼별초 대원들은 이곳에서 여몽연합군을 맞아 목숨을 걸고 싸웠습니다.

제주 항파두리 항몽유적지 항몽순의비

제주 항파두리성 일대는 본래 남쪽은 높고 북쪽은 낮으며, 동쪽은 완만하고 서쪽에는 하천이 있어 성을 쌓기에 좋은 지형이었습니다. 더군다나 주변이 대부분 경작지와 목초지로 오랜 싸움을 하기에 안성맞춤이었지요. 토성이었던 성을 이중 성곽으로 만들었으며, 안쪽의 성은 성벽의 안팎을 수직에 가깝게 돌로 쌓고, 바깥성은 언덕과 계곡을 따라 흙으로 쌓았습니다. 제주 항파두리성은 단순한 성이 아니라, 각종 방어시설을 포함해 궁궐과 관아까지 갖춘 요새였답니다.

하지만 1273년 삼별초가 끝내 여몽연합군과 싸움에서 전원 전사하자, 제주 항파두리성은 주인을 잃은 신세가 되었지요. 이 성은 근래까지 방치되어 있다가 1976년 9월 9일 제주특별자치도 기념물로 지정되었습니다. 그 뒤에 성곽 일부를 보수하고 순의비를 세우며 유적 정화사업을 벌였습니다. 당시에 쌓았던 토성이 부분적으로 남아 있으며 돌쩌귀, 기와, 자기, 연못터 등의 유물과 유적이 많이 발견되었습니다. 1997년 4월 18일에 사적 396호로 지정하고 국난극복의 교육도장으로 활용하고 있습니다.

톡톡! 생각 주머니

용감하고 날쌘 삼별초 군대

원래 삼별초는 고려 시대 최씨 정권의 사병이었습니다. 좌별초, 우별초, 신의군을 묶어 삼별초라 했지요. 삼별초는 처음에 도둑을 단속하기 위해 만들어졌습니다. 그래서 밤마다 순찰과 단속의 임무를 본다고 해서 야별초라 했다고 합니다. 전국적으로 도둑이 들끓자 야별초의 숫자를 늘려 좌별초와 우별초로 나누었고, 몽골에 포로로 잡혀 갔다가 도망 온 사람들로 편성된 신의군까지 해서 삼별초라 불렀지요.

삼별초는 날쌔고 용감하기로 이름난 군대였습니다. 전투를 담당하고 경찰 역할을 수행했으며, 죄인을 잡아서 가두거나 죄를 심문하는 임무를 맡았습니다. 비록 사병의 성격이 강하기는 했지만 공병과 다름없는 역할을 했지요.

몽골이 고려를 침입했을 때는 앞장서서 몽골과 싸웠습니다. 그러나 무신정권이 무너지면서 고려 조정은 몽고에 항복하고 삼별초의 해산을 명령했습니다. 이에 삼별초는 고려 조정을 따르지 않고 배중손의 지휘 아래 승화 후 온을 임금으로 추대하고 반원 정권을 수립했지요. 그리고 끝까지 맞서 싸웠습니다. 강화에서 진도로 옮겨 용장성을 쌓고 싸우다가 패하고, 다시 제주로 옮겨 항파두리성을 쌓고 싸웠지요. 그러다 1273년에 완전히 진압되었습니다.

현재 삼별초는 두 가지 상반된 평가를 받고 있습니다. 외세에 굴하지 않고 저항한 민족 자주성의 사례이자, 자신들의 정치권력 상실을 우려해 반란을 일으킨 세력이라는 평가입니다.